Swami Rama

Yoga la Scienza Sacra

Volume primo

Samadhi: il più alto stadio di saggezza

OM EDIZIONI

Traduzione: Sandra Heber Percy, Elena Minari

Editing: Alberto Greco

Foto di copertina: Courtesy Himalayan Hospital Trust

Titolo originale: *Yoga the Sacred Science - Samadhi: the Highest State of Wisdom*

Stampato in Italia nel mese di Febbraio 2016
presso R&R - Rimini

I^a Edizione - Febbraio 2016

Via Badini, 17 - 40050 Quarto Inferiore (BO) - Italy
Tel. (+39) 051 768165 - (+39) 051 6061167
Fax (+39) 051 6058752
info@omedizioni.it
www.omedizioni.it

INDICE

PREFAZIONE

Nel 1977, il quartiere generale dell'*Himalayan International Institute of Yoga Science and Philosophy* era a Glenview, nell'Illinois, non lontano da Chicago. A quel tempo, Swami Rama viveva all'interno dell'Istituto ed era tutto per noi: amorevole Maestro, precettore, padre, rettore e anche migliore amico. "Noi" eravamo venticinque residenti dell'*ashram* che vivevano, lavoravano e studiavano guidati dalla sua attenta presenza. In quel periodo, l'Istituto aveva avviato un innovativo programma universitario dedicato agli studi orientali. Alcuni allievi, tra cui noi, erano stati ammessi a un corso dell'istituto superiore a condizione di non trascurare i propri doveri. La nostra scelta cadde sul corso dedicato agli *Yoga-Sutra*, curato da Swami Rama. Di tutte le conferenze e i seminari che ho seguito nell'arco di vent'anni, nessuno ha mai avuto su di me un impatto tanto duraturo quanto questo corso. Non ho mai dimenticato l'entusiasmo, l'ispirazione e l'insaziabile sete di conoscenza che scaturivano dalle conferenze. Swamiji svolgeva impeccabilmente il ruolo del professore entrando in aula con occhiali, penne e blocchi per appunti. Era solito rimproverare, e talvolta schernire, noi allievi per la nostra ottusità, perché le domande che gli ponevamo non erano intelligenti o perché le risposte ai suoi interrogativi apparentemente senza fine non erano abbastanza creative. Con amore, passione ed entusiasmo ci passava informazioni di inestimabile valore. Noi studenti ci sentivamo i fortunati beneficiari di tutti i segreti e di tutti i misteri dell'universo, ed eravamo fiduciosi che per noi nulla al mondo sarebbe più apparso impossibile.

Ho provato una grande gioia quando ho ricevuto l'opportunità di collaborare all'organizzazione di questo libro destinato a raccogliere le conferenze sugli *Yoga-Sutra*. Lavorando al manoscritto, mi sono resa conto che tutto il messaggio di Swami Rama è concentrato sulla diffusione dell'insegnamento degli *Yoga-Sutra*: l'arte di vivere applicando i *sutra* alla vita quotidiana. *Yoga la Scienza Sacra* intende offrire gli stessi insegnamenti delle conferenze a un pubblico più vasto affinché il loro inestimabile contenuto possa essere utilizzato e assaporato per molti anni a venire.

In questo libro abbiamo cercato di preservare il modo diretto di esprimersi di Swamiji e la successione da lui adottata nell'esporre i vari argomenti, visto che, solitamente, le sue conferenze non erano limitate a un solo argomento, o a una sequenza cronologica ordinata e prevedibile. Piuttosto, in modo molto pragmatico, egli non esitava a introdurre gli argomenti più pertinenti alle necessità del pubblico presente alla conferenza. Spesso, quando voleva chiarire o dare enfasi a un particolare insegnamento, narrava episodi della sua giovinezza e raccontava il suo particolare percorso spirituale. Nella stesura di questo libro si è cercato di preservare questo stile quanto più possibile.

Swami Rama ricordava spesso che, per comprendere veramente gli *Yoga-Sutra*, era necessario assimilare ogni singolo aforisma da un punto di vista pratico. Sottolineava continuamente l'importanza di applicare gli aforismi alla vita di tutti i giorni, confermandoci che era possibile praticare il sistema yoga di Patanjali pur vivendo nel mondo, e che non vi era necessità alcuna di ritirarsi in un monastero o in una grotta sull'Himalaya. Pertanto, poneva in particolare rilievo gli aforismi che sarebbero stati più utili a noi studenti neofiti, all'inizio del nostro viaggio interiore. In particolare, evidenziava il valore terapeutico di determinati *sutra*, spiegando il metodo per applicarli allo scopo di migliorare la qualità della nostra vita. Persino i metodi pratici dotati di valore terapeutico – esercizi di respirazione, *asana* (posture), concentrazione e meditazione – che Swamiji ha condiviso con noi nel corso delle sue conferenze, sono inclusi nel presente volume.

Patanjali ha dato grande importanza alla necessità di comprendere e di imparare a controllare tutti gli aspetti della mente come prerequisito del più alto stadio di saggezza, il *samadhi*. Secondo Swamiji, gli *Yoga-Sutra* di Patanjali sono la base della psicologia antica.

La descrizione offerta da Swami Rama della totalità della mente, delle sue funzioni e delle emozioni, oltre ad aprire spiragli sulle complessità della psicologia dello yoga, va oltre i concetti stessi della psicologia moderna.

È un'opera di valore inestimabile, non soltanto dal punto di vista terapeutico, ma anche perché è una guida pratica per imparare a condurre un'esistenza sana ed equilibrata.

Sebbene i contenuti di questo volume provengano dai corsi di studio sull'argomento, questa pubblicazione non può e non vuole essere un commentario agli *Yoga-Sutra*, e tanto meno un'estensione dei centonovantasei *sutra* originali. Nonostante ciò, sarebbe comunque un errore considerare il materiale di questo libro puramente preliminare. Come tutti gli scritti e ogni insegnamento di Swami Rama, la lettura approfondita del volume può rivelare, in accordo al livello di preparazione del lettore, dimensioni sempre più profonde e sottili della conoscenza dello yoga. Nelle sue conferenze, Swami Rama ha sempre posto in rilievo l'importanza dei primi quattro *sutra*, il fulcro dell'opera, spiegando che tutti gli altri sono solo una loro rielaborazione approfondita.

Il materiale a disposizione, troppo esteso per la stampa in un unico volume, è stato pubblicato in tre volumi con il titolo *Yoga la Scienza Sacra*. Il primo di questa avventura narrativa nella scienza dello yoga è intitolato *Samadhi: il più alto stadio di saggezza*. Infatti, il tema primario degli *Yoga-Sutra* è proprio l'esperienza del *samadhi*. Il presente volume si concentra sulla pratica spirituale, *sadhana*, e sul *raja-yoga*, le tecniche utili al suo raggiungimento.

Barbara Bova

Capitolo 1

LO SCOPO SUPREMO DEL *DARSHANA* È VEDERE LA REALTÀ

Il termine *darshana* deriva dalla radice *drishyate anena*, che in sanscrito significa: “attraverso il quale si può vedere”. Il particolare metodo attraverso il quale si può vedere la Realtà è chiamato *darshana* ed è uno degli yoga più antichi. Proprio come possiamo vedere noi stessi riflessi nello specchio, così, attraverso lo yoga *darshana*, ossia gli *Yoga-Sutra*, siamo in grado di percepire il Sé. *Darshana* non è sinonimo di filosofia, una parola la cui etimologia significa “amore per la conoscenza”, poiché non indica soltanto questo particolare amore, bensì la capacità di percepire la Realtà. In ciò risiede la differenza più eclatante tra la filosofia orientale e la filosofia occidentale.

La scienza dello yoga ha radici nell’antica filosofia *Samkhya*, la madre di tutte le scienze. Il termine *samkhya* (*samyag akhyate*) significa: “questo spiega l’intero”. La filosofia *Samkhya* abbraccia l’universo, spiegando in che modo ha avuto origine e le varie relazioni che ne derivano. Persino un agnostico o un ateo può acquisire interessanti informazioni da questa filosofia. Infatti, l’esistenza terrena è spiegata sotto ogni aspetto: la nostra relazione con l’universo, con il creatore dell’universo (se esiste), con la mente e con lo spirito, con il centro della coscienza e con la nostra stessa esistenza.

Questa filosofia è all’origine della matematica dato che senza di essa non è possibile comprendere la scienza. Se la matematica venisse eliminata, tutte le altre scienze non potrebbero esistere. La filosofia *Samkhya* è quindi alla base della scienza dello yoga e questo mi è stato insegnato da un grande matematico indiano, Swami Chakravarti, che ne esponeva i punti più importanti tracciando figure geometriche, linee e punti sulla sabbia.

Questa filosofia definisce nei minuti dettagli il processo di comprensione di ciò che è reale e di ciò che è irreale. Il termine *Realtà* non è impiegato nel modo comunemente inteso. Per esempio: una lavagna è un oggetto reale? Secondo la filosofia *Samkhya*, una lavagna non è reale. Infatti, la Realtà non è soggetta a mutamento, decomposizione e morte. Una lavagna ha certamente una realtà materiale, tuttavia non è reale perché la sua forma e il nome possono cambiare in ogni istante. Se la forma e il nome di un oggetto possono subire dei cambiamenti, non possiamo definirlo Realtà Assoluta. La Realtà, o la Verità, è ciò che esiste nei tre tempi: passato, presente e futuro. Nel mondo materiale, un uomo in carne e ossa è reale, ma nella filosofia *Samkhya* 'Realtà' significa ciò che permane, che esiste sia nel passato, presente e futuro e che non è soggetto a mutamento, decomposizione e morte. Il mondo appare reale, tuttavia non lo è perché sussiste grazie all'esistenza di qualcos'altro. Chi non conosce la Realtà crede che il mondo sia reale, mentre, per chi ha approfondito la filosofia *Samkhya*, il mondo non è reale.

Quando studiavo la scienza dello yoga, oltre alla filosofia *Samkhya*, per comprendere meglio ci spiegavano anche il *Karika*, un testo classico del Buddismo. Il *Karika*, lo *Samkhya* e lo yoga sono in rapporto molto stretto. Per comprendere i sistemi della filosofia indiana, tra cui buddismo e giainismo, si dovrebbe approfondire anche il *Karika*. Essendo una scuola filosofica fondata sulla pratica, non spinge verso la comprensione di Dio come essere, né parla di inferno o di paradiso. Il primo aforisma del *Karika* è: "Sii consapevole del dolore che proviene dalle tre dimensioni: dall'interno, dall'esterno e dalla natura. Innanzitutto, cerca di ottenere la libertà da questi tre tipi di sofferenza" (*dukha-traya-abhighatat*).

La scienza dello yoga è millenaria. L'uomo ha sempre perseguito la felicità, ma poiché la felicità costante gli è sempre sfuggita, ha cercato un metodo sottile per imparare a organizzare i propri stati interiori. I grandi saggi, con l'aiuto di precise tecniche di meditazione, si sono calati nel profondo delle dimensioni interiori dell'essere e hanno sperimentato livelli di immensa saggezza. Circa cinquemila anni or sono, quando non esistevano testi scritti, gli insegnamenti erano impartiti oralmente nella forma compatta di aforismi, *sutra*, un pratico ausilio che facilitava la memorizzazione. Attraverso la pratica e l'esperienza era possibile sperimentare direttamente la verità degli insegnamenti.

Il grande saggio Patanjali ha ordinato in modo sistematico lo studio e gli insegnamenti dello yoga, ma non deve essere né ritenuto il primo insegnante di yoga, né considerato il capostipite della scienza dello yoga. Esiste un detto in sanscrito: "Colui che nacque per primo, e che per primo si è posto in luce, è il primo insegnante dello yoga".

Patanjali ha semplicemente codificato la scienza dello yoga con un approccio molto pratico. Non è un predicatore religioso; piuttosto uno scienziato, un grande filosofo che ha compreso la vita con tutti i suoi flussi e riflussi. Patanjali è un grande yogi dedito alla pratica, alla conoscenza e alla sperimentazione. È un illuminato, un saggio che ha condiviso e messo a disposizione la sua conoscenza yogica in modo che tutti possano trarne beneficio.

In seguito a una lunga sperimentazione, Patanjali ha organizzato lo studio degli stati interiori in centonovantasei *sutra*, chiamati yoga *darshana*. Il termine sanscrito '*sutra*' letteralmente significa "stringa" e gli *Yoga-Sutra* sono effettivamente collegati come i grani di un rosario. Talvolta, se un singolo aforisma non è sufficiente a spiegare un argomento in modo esauriente, Patanjali ne prende in esame molti altri. Se si rivela necessario un maggior numero di *sutra*, per esplorare un concetto, significa che tale argomento riveste una particolare importanza, e merita di essere approfondito.

La raccolta degli *Yoga-Sutra* è un importante testo appartenente alla letteratura classica il cui valore è universale. Le tre scuole del buddismo – *mahayana, hinayana* e *nirvayana* – nonché gli insegnamenti giainisti, hanno storicamente attinto da quest'opera. Le *Upanishad* abbondano di insegnamenti tratti dalla scienza dello yoga e sebbene tutte le religioni del mondo si basino su qualche principio derivato dalla scienza yogica, lo yoga non è una religione.

Negli aforismi degli *Yoga Sutra*, ogni singola parola ha un significato ben preciso, ed è indispensabile comprenderne a fondo il significato, se si vuole assimilare appieno l'insegnamento di ogni verso. I *sutra* non sono aforismi veri e propri, ma frasi compatte, concise e astruse la cui comprensione è impossibile in assenza di un'adeguata preparazione e spiegazione.

Io stesso ho studiato i *sutra* molte volte, eppure non li ho ancora veramente compresi. Per i giovani, gli *Yoga-Sutra* non sono un buon soggetto di studio, perché fanno impazzire! Preso in esame singolarmente, un aforisma è incomprensibile e sarebbe più opportuno definirli uno studio di riferimento per insegnanti ed educatori.

Patanjali desiderava formare maestri esperti nella pratica e nell'insegnamento degli aforismi. La comprensione non ha nulla a che vedere con l'erudizione: agli studiosi che si limitano a conoscere le scritture senza metterle in pratica, resta difficile comprendere i concetti, la filosofia, la psicologia e gli aspetti pratici esposti da Patanjali. Chi non mette in pratica gli *Yoga-Sutra*, non è in grado di spiegarli e, indipendentemente dal tempo che dedica a memorizzarli, è destinato a commettere errori. Infatti, soltanto praticandoli è possibile comprenderne il significato profondo e un insegnante competente, dopo aver studiato la tradizione con il proprio Maestro, solo dopo averli messi in pratica, applicandone le verità, ha diritto a insegnare gli *Yoga-Sutra*.

Nei tempi antichi l'insegnamento degli aforismi era riservato unicamente agli adepti. Nessuno si sarebbe mai sognato di andare a imparare i *sutra* da un insegnante che non fosse uno yogi realizzato. Solo chi mette in pratica i *sutra* di Patanjali a livello di pensieri, parole e azioni, è in grado di trasmetterne gli aspetti più sottili.

I primi quattro *sutra* hanno un'importanza fondamentale e rappresentano le pietre miliari dell'architettura della scienza yogica. Per spiegarli Patanjali utilizza l'intera composizione di centonovantasei *sutra*. Infatti, questi primi quattro *sutra* sono il nucleo portante e gli altri centonovantadue ne sono la spiegazione.

I quattro *sutra* sono:

Ora si espone la scienza dello yoga.

Raggiungendo il controllo degli stati mentali è possibile conseguire lo stato di saggezza supremo, il samadhi.

Realizzando la propria natura essenziale si ottiene la liberazione.

L'identificazione con gli oggetti è causa di sofferenza.

Patanjali non ha scritto i *sutra* solo per coloro che intendono rinunciare o hanno rinunciato al mondo, quanto piuttosto per la gente comune, affinché potesse vivere nel mondo senza esserne coinvolta. Oggigiorno ci si dà un gran da fare, preoccupandosi di raggiungere delle mete, perennemente attratti da oggetti materiali, ma per essere felici non è necessario agitarsi e preoccuparsi così tanto: ogni cosa è già a portata di mano, anzi la pace esiste già nel cuore di ognuno.

Hai deciso che vuoi trovare la pace, la felicità e la beatitudine? Oppure stai ancora cercando qualcuno capace di offrirti quella pace, felicità e beatitudine che ti sfuggono?

Le scritture affermano che nessuno al mondo potrà mai trovare pace, felicità e beatitudine nelle relazioni, perché queste sono già in ognuno di noi: oltre il corpo, oltre il respiro, oltre i sensi e oltre la mente. Infatti, è possibile conseguire la pace semplicemente imparando a incanalare le proprie energie all'interno, verso gli aspetti più profondi dell'essere, e per fare questo non è necessario ritirarsi dal mondo, rinnegare le proprie relazioni, o astenersi dai propri doveri. È necessario piuttosto disciplinare se stessi. Disciplina significa non lasciarsi prosciugare mentalmente dai propri pensieri, dalle azioni e dalle parole.

Patanjali, il codificatore della scienza dello yoga, insegna che tutti possono raggiungere lo scopo ultimo della vita comprendendo e applicando nella vita quotidiana gli *Yoga-Sutra*. Yoga è una scienza, una filosofia e una psicologia che si occupa delle questioni più sottili dell'esistenza e integra la filosofia con un aspetto pratico che offre una varietà di tecniche e, inoltre, insegna ad applicare la scienza dello yoga per conoscere se stessi. Gli *Yoga-Sutra* di Patanjali sono la base della psicologia antica, la quale comprende i sistemi psicologici buddisti, zen e giainisti, nonché tutti i percorsi che fanno riferimento ai sette sistemi della filosofia indiana. Non esiste una distinzione vera e propria tra la psicologia antica e la psicologia moderna: le ramificazioni della psicologia antica sono innumerevoli.

Il termine 'psicologia' significa "scienza della vita della mente", ma la psicologia moderna non si è sviluppata a tal punto da sapere come studiare la mente. In questo studio si raccolgono semplicemente informazioni e opinioni provenienti da altri soggetti, per poi sottoporle a un attento esame. Pur avendo incontrato molti rinomati conoscitori della psiche e veggenti, personalmente io non ho mai trovato qualcuno in grado di studiare la mia mente e ai molti esperti che hanno tentato di fare previsioni sul mio futuro, io non ho mai dato molto ascolto. Quando mi dicevano cosa mi sarebbe successo in futuro, ero solito controbattere: "Prova a descrivermi cosa sta accadendo *ora* nella mia mente, e cosa è accaduto in passato, allora crederò a quanto tu dici che mi accadrà in futuro".

La psicologia moderna si occupa soprattutto degli aspetti legati al comportamento, tuttavia questo non significa studiare la mente, piuttosto cercare di conoscerne gli aspetti più complessi. Si tratta di una scienza incompleta perché solo una piccola parte della mente si esprime attraverso il comportamento: studiando come si comporta una persona, non se ne può comprendere la totalità della mente. Storicamente, la psicologia moderna si basa sullo studio della condotta di individui mentalmente anormali ma Patanjali, pur essendo pienamente consapevole di questa particolare categoria di persone, non ha basato la propria scienza su di essa.

La psicologia moderna nasce dallo studio della sofferenza, nel tentativo di comprendere i problemi mentali che non possono essere trattati attraverso i farmaci; insegna che non è possibile comprendere totalmente il processo del pensiero, perché la maggioranza delle persone non conosce il processo dei propri pensieri o come funziona la mente. Al contrario, Patanjali ha studiato e analizzato la mente nella sua totalità, con tutte le sue funzioni e le naturali modificazioni che subisce. Possiamo asserire che con lui la psicologia yoga si è evoluta dalla necessità primaria di conseguire la realizzazione spirituale.

La psicologia moderna non è un prodotto finito: oggi raggiunge una determinata conclusione, e domani la elimina.

Oltre al comportamentismo, esiste un altro ramo della psicologia che ha visto grandi psicologi, quali Freud, William James e Jung, cercare di comprendere gli aspetti più profondi della mente, pur non riuscendo a raggiungere il proprio obiettivo. Questi studiosi hanno iniziato ad analizzare l'ipnosi, ma non hanno approfondito lo studio della mente tramite l'ipnosi. In una certa misura, l'autoipnosi e l'autosuggestione sono utili per affrontare determinati problemi, ma non svelano mai i livelli più profondi dell'essere. È a questo punto che l'antica psicologia yogica interviene e si dimostra particolarmente interessante.

La psicologia yogica antica spiega che la mente ha una capacità immensa: se si riesce a controllarla e a trattenerla dalle distrazioni e dagli sprechi energetici, la si può disciplinare e indirizzare nella giusta direzione. La psicologia yogica è una scienza completa e talmente profonda che può essere compresa unicamente per mezzo della pratica, o solo memorizzando gli *Yoga-Sutra*. Il metodo di Patanjali è sottile, esatto e profondo e ritengo che se gli psicologi moderni capissero e adottassero l'acume dei metodi sottili di Patanjali, potrebbero offrire un ottimo servizio alla società. Purtroppo il programma di studio degli psicologi non comprende la pratica che insegna a varcare i confini del conscio e dell'inconscio, permettendo di acquisire la consapevolezza dell'anima che è il vero scopo dell'esistenza.

La psicologia si occupa della vita mentale conscia e subconscia. Con l'ausilio dell'analisi e della terapia, il contenuto inconscio può essere riportato in superficie, verso la mente conscia, dove può finalmente essere affrontato e coordinato. Contrariamente alla psicologia occidentale moderna, la scienza dello yoga include nel suo studio della mente conscia e inconscia anche l'anima, come sorgente stessa della mente e delle sue modificazioni. Senza conoscere il proprio vero Sé, *sva-rupa*, non è possibile esercitare il perfetto controllo della mente.

Capitolo 2

LA DISCIPLINA YOGICA

Atha yoganushasanam

La prima parola di questo verso è 'ora'. In nessun altro contesto la troviamo utilizzata in questo modo ed è molto importante: 'ora' infatti significa "Ora, allora e sempre". La parola 'ora' significa che esistono determinati preliminari da seguire, per poter praticare la scienza dello yoga, ma che li abbiamo già portati a termine, che intendiamo proseguire, imparare di più, capire e praticare di più.

Quando un insegnante dice "*Ora* fai questo", significa che l'allievo ha già fatto qualcosa in precedenza, e che ora è pronto per fare qualcos'altro. Un aspirante spirituale deve innanzitutto essere preparato, e solo in un secondo tempo potrà scegliere il sentiero della realizzazione.

Il primo aforisma spiega in modo indiretto, e molto sottile, il ruolo dell'allievo. Lo yoga è una disciplina. Chi ha intenzione di disciplinare se stesso perché ha compreso l'importanza di questa disciplina, dovrebbe prepararsi ad apprendere e praticare lo yoga con la mente, le parole e le azioni. La qualifica di un allievo consiste nella preparazione individuale ottenuta attraverso lo studio e la memorizzazione dei *sutra*, ma soprattutto tramite la pratica.

Patanjali ha studiato tutti i livelli della mente e ha descritto una precisa tipologia di allievi: alcuni sono preparati, altri stanno per esserlo a breve, alcuni non sono pronti e altri ancora sono talmente confusi che non sono adatti nemmeno ad affrontare l'iniziale preparazione e pertanto non li prenderemo in considerazione.

Patanjali ha suddiviso i livelli mentali in cinque categorie: *kshipta*, *vikshipta*, *mudha*, *ekagra* e *niruddha*.
- *kshipta* è una mente completamente distratta e assente;
- *vikshipta* si applica a quelle menti che non hanno subito alcun controllo ed essendo l'opposto di una mente concentrata, ha bisogno di una determinata disciplina. Molti allievi, non essendo capaci di concentrare l'attenzione, certe volte comprendono, mentre talvolta non afferrano neppure l'argomento che si sta trattando perché la loro mente, anche se hanno la capacità di controllarla, non è stata ancora addestrata;
- *mudha* è una mente costantemente assorta in uno stato di stupore;
- *ekagra* si riferisce a una mente in grado di concentrarsi;
- *niruddha* descrive lo stato in cui la mente è totalmente sotto controllo. Chi ha una mente di questo tipo l'ha addestrata alla perfezione e la può utilizzare come desidera.

Un bravo insegnante è in grado stabilire immediatamente la condizione mentale di un nuovo allievo: può capire quali problemi lo assillano semplicemente osservando il modo in cui cammina.

Al primo colpo d'occhio un Maestro riconosce la tipologia mentale del nuovo allievo, sa se è preparato e in grado di studiare la scienza yogica oppure no. Sin dal primo giorno l'insegnante colloca l'aspirante all'interno di una di queste categorie: ha una mente distratta, controllata, o concentrata e unidirezionale? Compresa la tipologia mentale dell'aspirante, il Maestro sa immediatamente come rivolgersi allo studente e come impartirgli gli insegnamenti risulta semplice come consegnare una prescrizione a un paziente.

Quando un aspirante spirituale è pronto o ha concluso gli studi e le pratiche preliminari, il Maestro gli assegnerà un nuovo compito.

Per studiare, praticare e applicare i *sutra* alla vita quotidiana, l'allievo dovrà prepararsi: 'ora' significa che è pronto ad approfondire e a mettere in pratica gli aforismi. Nella frase "*Ora* vieni da me", 'ora' indica che l'allievo è pronto ed è giunto il momento di fare il passo successivo: 'ora' deve essere consapevole della Realtà e può approfondire altri livelli. In pratica, 'ora' sta a indicare che egli ha superato l'esame e 'ora' può iniziare l'esposizione della scienza yogica e quindi il Maestro pone l'accento sulla parola 'ora'. Molte persone pronunciano questa parola da mattina a sera senza conoscerne il vero significato; infatti, chi non medita non può comprenderla.

Quando ci si appresta a esaminare la propria mente, si scopre che questa è condizionata da tre fattori: tempo, spazio e causalità. Il tempo è un filtro. Ogni evento è filtrato dal tempo: oggi qualcuno può essere triste e preoccupato al punto da pensare al suicidio, ma forse se il giorno dopo gli domandano se vuole ancora suicidarsi, forse risponderà che, avendo fatto trascorrere del tempo, ha scoperto che non è più così angosciato da volersi suicidare.

La mente è condizionata da passato, presente e futuro e funziona in base alle esperienze del passato o a proiezioni di immagini sul futuro. Molti pensano solo al passato, oppure al futuro, ma dov'è l'*ora*? Il momento presente, l'*ora*, è assente poiché non sanno vivere qui e *ora*.

Qual è il periodo migliore dell'esistenza di una persona? Non è certo quello trascorso, né l'aspetto del tempo che utilizzerà in futuro. Il periodo migliore è il momento presente, l'*ora*. Pertanto è necessario utilizzare il periodo migliore della vita oggi e '*ora*'. Sareste in grado di spiegare dove si trova l'*ora*? In realtà tutti sanno pronunciare la parola, ma non riescono a assaporarla. Perché? Nell'istante stesso in cui si pronuncia questa parola, questo 'ora' è già stato nuovamente assorbito dal passato: il momento in cui diciamo 'ora', esso non esiste più.

Quanti di voi sanno apprezzare il momento presente? Pianificate le vacanze per l'anno prossimo, fate progetti per uscire a cena, o per andare a ballare, ma che ne è dell'*ora*? Conoscete la parola e il suo significato, ma non sapete apprezzarlo e permettete alla mente di vagare nella giungla delle esperienze passate o delle immagini del futuro. La mente non ha ancora vissuto l'*ora*. In assenza di 'ora', quale è il collegamento tra passato e futuro? Nella vita quotidiana, tendete a relegare la felicità in un momento futuro perché non sapete vivere il presente: l'*ora* è assente. Se, grazie alle esperienze del passato, si è capaci di ottenere la libertà impedendo alla mente di immaginare il futuro, significa che si è in grado di godere il momento presente. Quindi, imparando a liberare la mente dal tempo, si diventa liberi.

Sono fortunati coloro che meditano e vivono nell'*ora*. Tramite la meditazione si impara ad apprezzare il momento presente perché nell'*ora* si trova il piacere che partecipa all'eternità e nell'istante in cui si conosce l'*ora*, si conosce anche passato, presente e futuro, perché si diventa liberi.

Le altre condizioni della mente sono spazio e causalità. Se io sollevo la mano e mostro due dita, qual è la "causa" di queste due dita? La mano è la causa che crea la consapevolezza delle dita. Le dita sono separate soltanto in apparenza: se non esistesse la mano, non esisterebbe lo spazio tra le dita. Questa è definita causalità – ciò che crea un effetto. Se io unisco due dita, lo spazio che le divide cessa di esistere, e allo stesso tempo svanisce anche il senso del tempo. Si può dire che ora le dita sono una sola cosa con la causalità e sono ancora una parte del tutto.

La mente può essere liberata da questi tre condizionamenti.

Il continuo insorgere dei pensieri è ciò che è chiamato processo cognitivo. Tra due pensieri esiste uno spazio. In assenza di spazio tra due pensieri, cosa accade al tempo? Il tempo cesserà di esistere, ma quando esiste un solo pensiero, quale sarà la condizione dello spazio?

Lo spazio non esisterà. Tempo e spazio sono varianti della medesima realtà e quindi, se nella mente resta un solo pensiero, il tempo non potrà influenzare la mente.

Non è possibile raggiungere lo stato supremo del *samadhi* senza liberarsi dai condizionamenti mentali, ma il momento in cui la mente tocca i confini del tempo, può realizzare i livelli più sottili della coscienza, trasformarsi completamente e diventare agente di pace, felicità e gioia. Soltanto quando è libera dall'immaginazione – e non sto parlando dell'immaginazione creativa – e dalle memorie del passato, la mente sarà in grado di elevarsi allo stato di 'ora'. Se si è in grado di educare la mente a essere presente, qui e *ora*, si potrà conoscere ogni cosa perché l'*ora* è parte dell'eternità.

Pertanto, anche quando si riceve un insegnamento, per prima cosa è necessario imparare a essere qui e *ora* ed è assolutamente necessario imparare a comprendere questa breve parola di tre lettere.

Patanjali è la nostra guida in questo viaggio interiore. La sua prima lezione è: *devi imparare a disciplinare te stesso*. Prima di studiare la scienza yogica, è necessario prepararsi, perché questa scienza richiede disciplina.

Capitolo 3

YOGA: UNA SCIENZA CHE STUDIA IL CORPO, IL RESPIRO, LA MENTE, L'ANIMA E L'UNIVERSO

Qual è il significato della scienza yogica? Quando si parla di yoga, la gente la abbina esclusivamente alla sfera fisica. Yoga è una scienza, tanto pratica quanto teorica, che si occupa di corpo, respiro, mente, anima e universo.

Patanjali non intendeva insegnare una religione: lo yoga non è una religione, né condanna le religioni. La scienza yogica non insegna che se sei ebreo devi diventare cattolico, o se sei cattolico devi diventare indù, o se sei indù devi diventare buddista. Tutte le grandi religioni provengono da una sola fonte. Le religioni dettano regole di comportamento e forniscono liste di comandamenti che non soddisfano l'anima individuale. La scienza yogica non dice che cosa si deve e non si deve fare: insegna piuttosto a essere. È una scienza sacra che stimola a conoscere le dimensioni dell'esistenza note e ignote; aiuta a trovare la libertà dalla sofferenza e a raggiungere uno stato privo di dolore.

È possibile praticare la scienza yogica vivendo nel mondo materiale? Comprendendo i princìpi fondamentali di questa scienza, e per quali ragioni è necessario applicarla, resta molto più facile metterla in pratica.

Innanzitutto, è necessario che a monte l'allievo abbia già preso la decisione di iniziare la ricerca interiore e senta la necessità di trovare se stesso: "Sì, voglio conoscere me stesso. Mi manca qualcosa che non ho ricevuto né dalla chiesa, né dalla religione". Milioni di persone, sia in Oriente che in Occidente, sono alla ricerca della Verità e della realizzazione del Sé o, come dicono le religioni, alla ricerca di Dio.

Pur frequentando spesso chiese, templi o sinagoghe, la mente inquisitiva sarà sempre presente e nel momento in cui si accorge che spesso le religioni ortodosse non sono in grado di appagare le necessità interiori, inizia a porsi altre domande sul significato della vita. Quando la mente si pone troppe domande, significa che non si è realmente soddisfatti.

La vita è una frase con un punto di domanda. Colui che vuole sapere qualcosa di più, ma per farlo utilizza la mente, che è come un'asticella con cui si pretende di misurare l'universo e i suoi misteri, non può comprendere la religione, perché non comprende se stesso.

Il più grande dei libri è quello della vita e se non lo si apre, non si può assimilare gli insegnamenti delle Scritture. Le Scritture suggeriscono soltanto codici di condotta, cosa fare e cosa non fare, mentre si dovrebbe imparare a 'essere'. Tutti i cancelli della conoscenza più alta si spalancano quando si capisce se stessi. Patanjali si rivolge ai veri ricercatori, affermando che la fonte della conoscenza è dentro di noi. Il mondo e la conoscenza esteriore possono offrire soltanto informazioni, ispirazioni. Evoluzione non significa procedere verso il mondo esterno, piuttosto tornare alla Sorgente.

Se si nasconde una fonte luminosa coprendola con dieci paralumi, cosa accadrà alla luce? L'essenza della luce resterà sempre uguale, ma apparirà più fioca e, per vederla con chiarezza, si dovranno togliere i paralumi che la ricoprono. Possiamo paragonare il Sé a questa luce. Per arrivare alla fonte della conoscenza interiore è necessario superare molte barriere e sollevare molti veli.

La scienza yogica non propone una nuova religione; offre piuttosto una metodologia per capire meglio se stessi a tutti i livelli, migliorando allo stesso tempo il benessere fisico, il comportamento, il processo cognitivo, le emozioni e la qualità dei desideri. In questo modo si arriva anche a capire come interagire con il mondo e avere successo. La scienza yogica crea un ponte tra le condizioni esistenziali interiori e quelle esterne, per migliorare sé stessi e comprendere i propri stati interiori.

Siete consapevoli che ogni possibile potenziale di realizzazione spirituale è già presente in voi? Sapete anche come utilizzare questo potenziale?

La scienza pratica dello yoga esorta a proseguire l'esplorazione.

Il termine '*yoga*' significa "unione, congiungersi a". Cerca di unire te stesso al Tutto. Secondo Patanjali, la causa della sofferenza è l'ignoranza, ma comprendendo di essere responsabili di qualsiasi nostra sofferenza, è possibile eliminare il dolore.

Non cercare di comprendere le cause della sofferenza è come se si continuasse a schiaffeggiarsi, e simultaneamente si invocasse: "Dio, aiutami!" È come se, dopo essersi bendati gli occhi, si dicesse: "O Dio della luce, della vita e dell'amore, fammi vedere la luce". Questo tipo di preghiera non ha senso.

Capitolo 4

DISCIPLINA SIGNIFICA DEDIZIONE AL SÉ SUPREMO

A noi spetta il compito di accendere la nostra lampada interiore. Nessuno può darci l'illuminazione, anzi ciascuno di noi ha la responsabilità di illuminare se stesso e nessuno dovrebbe mai pensare di non possedere i requisiti adatti. Ognuno possiede la scintilla e, se impara a disciplinarsi, ottiene tutto ciò che gli serve. La disciplina necessaria non è una prigione, piuttosto una semplice pratica.

Patanjali afferma che ognuno di noi possiede la facoltà di sbocciare e di elevarsi a uno stato di tranquillità. In questo stato rilassato tutti possono arrivare a capire le cose senza giudicarle. In caso contrario, si viene a creare soltanto agitazione nella vita, e non si scorge la luce perché la mente resta confusa dagli oggetti di un mondo che non consegna dati esatti proprio perché, nel mondo esterno, tutto è transitorio. Poiché appena si decide di studiare una cosa nel mondo esterno, questa cambia nome e forma e non si riesce ad analizzarla a fondo, il primo passo da compiere è quello di rimuovere le nuvole dell'ignoranza dalla mente. Una volta raggiunta la chiarezza mentale, si potrà studiare oggettivamente la realtà senza giudicarla.

Quando Patanjali afferma '*atha yoganushasanam*', intende dire che se si vuole veramente sbocciare, innanzitutto si deve apprendere una disciplina. Molta gente ha paura di questa parola e la scambia per una punizione, ma quando si impara a conoscerla, si scopre invece che è una cosa piacevole. Disciplina significa impegno e il momento in cui ci si impegna a progredire, lentamente si scopre che la luce è già in noi. Le fonti di luce come il sole, la luna, le stelle e la luce elettrica sono luci superficiali. Le *Upanishad* affermano: "Il volto della Verità è nascosto dal disco dorato. Signore, aiutami a vedere la Verità interiore" (*hiranmayena patrena satyasyapihitam mukham, tat tvam pushann apavrinu satya dharmaya drishtaye*), *Ishopanishad* 15. Se si continua a cercare la Verità nel mondo esterno, essa sfugge. Chi ha trovato la Verità dentro di sé, è capace di esprimere la medesima Verità nel mondo esterno e diventa una persona di grande valore.

La disciplina necessaria per imparare questa scienza e come percorrere il sentiero del viaggio interiore, non è qualcosa che tutti conoscono. Esiste una differenza sottile. Anche quando a scuola o all'università si studiano gli oggetti del mondo esterno, tutto ciò necessita della disciplina, ma questa non può essere paragonata a quella dello yoga. Nel mondo esterno, tutto è in costante movimento: se siamo in viaggio è necessario muoversi, ma se si vogliono sondare i livelli più profondi dell'essere, è importante rimanere immobili, anzi in questo 'viaggio' non ci si deve assolutamente muovere. Anche la Bibbia afferma: "Rimani immobile, e sappi che Io sono Dio". È una formula semplice, ma allo stesso tempo piuttosto difficile da applicare. Sin da piccoli, genitori e precettori insegnano ai bambini a stare in movimento e non a rimanere immobili. Ora è importante imparare a non muoversi e *anushasanam* è il nome della disciplina. Essendo completamente nuova, può apparire una prospettiva difficile, ma per imparare la scienza yogica, che conduce alle vette spirituali più elevate, al *summum bonum*, al regno della saggezza, della pace e della beatitudine, e alla libertà dalla sofferenza, si deve disciplinare sé stessi.

Nell'educazione moderna ci sono a disposizione conoscenza,

carta stampata e molta libertà, ciò nonostante in questo tipo di educazione non esiste un programma di addestramento alla disciplina e nessuno spiega come studiare o praticare da soli, mentre Patanjali afferma che la strada della conoscenza intellettuale basata unicamente su dei testi non è sufficiente. In pratica, ciò che fino adesso è stato ritenuto il mezzo per ampliare la conoscenza, in questo campo spirituale non dà frutti. In questo settore, per prima cosa, si deve imparare a disciplinare se stessi, in qualsiasi momento, e a qualsiasi età.

Non è mai troppo tardi imparare a dire 'no' a se stessi e dare retta a quella parte della mente che dice 'no'. Se si vuole praticare la scienza yogica, all'inizio e per un certo periodo di tempo si dovrà imparare a non ascoltare quella parte della mente che dice 'sì'. Se si capisce bene il no, si capirà facilmente anche il sì.

Per esempio, se uno prova la tentazione di rubare un oggetto, la mente dice: "Non farlo" e, simultaneamente, un'altra parte della mente suggerisce: "Oh, sì. Ruba, vedrai che ti piacerà. Fallo!" Si deve semplicemente non ascoltare i *sì* e scegliere di seguire i *no*, osservando che impatto hanno. Evitando qualsiasi cedimento, si deve cercare di capire l'impatto del *no* e imparare a usarlo con se stessi, non con gli altri. È importante fare attenzione a non pronunciare mai la parola *no* con le persone che si ama, ma imparare a usare quel *no* per se stessi. Mettendo in pratica questa piccola regola, si diventerà forti. In effetti, la disciplina migliore è quella che non è imposta né dagli insegnanti, né da chiunque altro.

Patanjali spiega che la base stessa del *samadhi* è la disciplina, *anushasanam*. È importante capire il termine sanscrito *anushasanam* a livello pratico. Disciplina significa regolare sé stessi su tre livelli: mente, azione e parola. Oggi stesso, ognuno di voi può decidere di iniziare a disciplinarsi e vi accorgerete che è più facile di quanto pensavate. Sarebbe meglio non fare grandi progetti e non sottoporsi a regole troppo severe. Per esempio, potreste cominciare con dei leggeri cambiamenti: "Da oggi mi alzerò alle quattro e mezza ogni mattina, dopo una doccia eseguirò la mia pratica e poi, alle cinque e mezzo, inizierò a meditare" che è un'abitudine e una regola abbastanza semplice da seguire per iniziare a disciplinarsi.

Se non si possiede lo zelo, il vigore e la determinazione necessari per disciplinare se stessi, non si potrà mai intraprendere e seguire il sentiero spirituale. Dopo aver preso una decisione, è bene essere determinati e programmare il nostro tempo in conformità. Se non si è determinati, non si riuscirà in nessuna impresa e quando si è presa la decisione di mettere in pratica una tecnica yoga, la decisione dovrà essere sostenuta da risoluzioni di questo tipo: "Se un giorno non metto in pratica la tecnica, mi impongo di saltare i pasti". Se resterete fermi nella decisione, alla fine avrete talmente fame che il giorno successivo direte: "Devo mettere la tecnica in pratica regolarmente, perché voglio mangiare".

Il momento in cui incontra il suo Maestro, l'allievo si aspetta il miracolo, invece si dovrebbe sapere che siamo noi stessi il miracolo. In che modo Gesù Cristo riuscì a trasformare l'acqua in vino? Soltanto un Maestro perfezionato nello yoga può compiere un miracolo simile. Cosa fece, dunque, Cristo?

Durante il periodo dei miei studi in Europa, questo argomento fu l'oggetto di una disquisizione a carattere competitivo che era stata indetta per gli scrittori britannici. Il premio fu vinto da un partecipante che rispose alla domanda scrivendo una sola frase: "Quando il Maestro guardò l'amata, lei arrossì". Quando Cristo guardò l'acqua, si trasformò in vino. Ogni cosa, intorno a te, può cambiare con uno sguardo. La comprensione di questo principio permetterà al vostro mondo di trasformarsi, e lo concretizzerete soltanto attraverso l'autodisciplina. Non serve prendersela con il mondo, con Dio, o con gli altri, piuttosto siate consapevoli che il novantanove per cento dei vostri problemi è creato da voi stessi. Lo sapete, ma non lo accettate.

Siete convinti di non poter raggiungere l'illuminazione, e di non poter percepire Dio. Desiderate farne l'esperienza pur non sapendo chi è Dio. Non accade nulla perché continuate a cercare l'illuminazione nel mondo esterno e questo non ha senso. Siete pronti ad affrontare il viaggio interiore e gli aspetti più grossolani dell'essere fino a esplorarne gli aspetti più sottili? Siete in grado di praticare qualsiasi livello di disciplina per conoscere la vita interiore? Se la risposta è sì, potete procedere. In che modo?

Ora, esponiamo la scienza dello yoga. Come si crea un ponte tra il mondo interno e il mondo esterno? Come si comprendono i misteri della vita e dell'aldilà? Qual è la nostra relazione con l'universo? Qual è lo scopo della vita? Ogni cosa vi sarà svelata, ma non senza aver compreso le attività della mente.

Capitolo 5

IL CONTROLLO DELLA MENTE È NECESSARIO PER CONSEGUIRE LA SAGGEZZA SUPREMA, IL *SAMADHI*

Il secondo *sutra* spiega l'obiettivo della psicologia dello yoga:

Yogash chitta-vritti-nirodhah

Il verso ha due significati di cui il primo è: applicando i metodi yogici enunciati dal Maestro, si arriva a controllare la mente e le sue modificazioni, e si raggiunge il *samadhi*, lo stato della suprema saggezza. Il secondo è: conseguire il controllo della mente è yoga.

Il termine yoga ha molti significati, ma in questo contesto si riferisce al "*samadhi*"; deriva dalla radice *yuj*, che significa "unire, collegare". Quando *prana* e *apana* si congiungono, questo è yoga. Quando un'anima individuale si ricongiunge con l'anima cosmica, è yoga. Quando si consegue lo stato della supercoscienza, il *samadhi*, anche questo è yoga, infatti, lo scopo dello yoga è lo stato supremo del *samadhi*. Patanjali non sta enunciando un metodo per vedere Dio e non discute sull'esistenza o la non-esistenza di Dio, ma dice: "Conosci te stesso a tutti i livelli". Questo è il primo passo. Compreso questo, si potrà capire il Sé universale, il Sé Assoluto, la Verità Assoluta.

Il tema centrale degli *Yoga-Sutra* è lo stato di supercoscienza, il *samadhi*, chiamato anche, in sanscrito, *samahitam*. Le *Upanishad* spiegano: "Lo stato supremo è una forma di tranquillità che non è turbata dalle condizioni esterne" (*yada panca-vatishthante jnanani manasa saha, buddhish cha na vicheshthate tam ahuh paramam gatim*), *Kathopanishad* 6.10.

Nella quiete, la mente è equilibrata, e si ha accesso a una quarta dimensione, detta *turiya*, o *samadhi*, lo stato della supercoscienza. A quel punto, si è consapevoli dell'esistenza di tre stati: lo stato di veglia, lo stato di sogno e lo stato di sonno profondo. Tutti gli esseri umani sono consapevoli di questi tre stati, ma solo pochi fortunati, i grandi saggi e gli yogi che hanno percorso il sentiero interiore, sono consapevoli del quarto stato, la quiete suprema chiamata *samadhi*.

La pace dello stato di supercoscienza è costante perché va ben oltre la comune gioia che si manifesta per pochi istanti per essere poi nuovamente sopraffatta da angosce e tristezza. Nel *samadhi* non esistono dispiaceri, infelicità o disgrazie: in questo stato si entra in contatto con la fonte della conoscenza e dell'amore infinito, la biblioteca della conoscenza intuitiva. In questo quarto stato non esistono più problemi, né mondani, né spirituali. Tutti i conflitti, interni ed esterni, sono risolti e nulla al mondo può turbare la mente.

La mente si sposta continuamente tra un atteggiamento di determinazione e l'essere invece piena di dubbi, incerta, rimuginando sull'accettazione o sul rifiuto degli oggetti. Non è facile immaginare uno stato privo di dubbi! Quando tutti i problemi saranno risolti, quando tutte le domande avranno avuto risposta, in quale lingua si penserà? Se la mente raggiunge uno stato privo di conflittualità, qual è la sua condizione? Se la mente non ospita interrogativi, può continuare il processo del pensiero? In quale lingua si penserà, se non si ha nulla da pensare, e se non si hanno più domande da porre? Cosa farà la mente? La mente umana opera nell'ambito di un campo preciso: si deve andare oltre questo campo. Nell'inconscio non può esservi registrato nulla di diverso da quello che abbiamo già visto o sperimentato. La mente funziona nei limiti di ciò che si è udito, visto, pensato o immaginato: questo è il campo del mondo fenomenico. Patanjali afferma che si può andare oltre questi limiti, che la mente vaga nell'ambito dei propri confini, ma può anche oltrepassarli. Esiste un sistema per addestrare la mente e le sue varie facoltà, grazie al quale si può andare oltre.

Esistono molti altri campi in cui la mente ottiene la libertà da tutte queste forme e si pone in uno stato di gioia. Questo spazio *oltre* i confini è il campo transpersonale. Il campo della mente personale è ristretto e il momento in cui si scopre che non è in grado di offrire un aiuto, si varcano i confini del campo transpersonale e si impara ad aiutare se stessi nel modo migliore. La fiducia in se stessi è importante, ma è anche essenziale ricevere aiuto dalla mente transpersonale. Solo così si potrà attraversare l'area di stagnazione in cui si sperimentano continue delusioni per poi raggiungere il regno della spiritualità e della luce, dove dolori e tristezze non possono sfiorarci e si vive in uno stato di perenne beatitudine. L'essere umano può raggiungere questo stadio.

La scienza dello yoga descrive l'esistenza di cinque "veicoli". Abbiamo descritto questi veicoli dettagliatamente nel libro *Yoga e Psicoterapia* che nel 1976 ho scritto insieme a Rudolph Ballentine, M.D., Swami Ajaya, Ph.D.

Il corpo fisico è il veicolo più grossolano, il secondo è la forza vitale, la guaina di *prana*, o energia, che inaliamo ed esaliamo respirando; il terzo è la guaina mentale; il quarto è la guaina della conoscenza personale, e il quinto è la guaina della beatitudine. La quinta guaina, chiamata anche coscienza interiore, è lo specchio del centro della coscienza e dunque è costante gioia.

Patanjali non esordisce parlando del corpo o del respiro, ma parla direttamente della mente e dei suoi vari stati. Persino applicando la totalità delle proprie risorse all'addestramento del corpo fisico, non è possibile conoscere la Verità. Per prima cosa, è necessario capire e purificare la mente seguendo un metodo. Chi comprende la mente, comprende ogni cosa. Non serve preoccuparsi di comprendere Dio o il centro della coscienza; esiste anche se non ci si crede. La vera differenza è nella mente. Patanjali dice che ciascuno di noi ha un accompagnatore permanente che si chiama "mente da scimmia". La mente da scimmia interrompe continuamente il cammino creando ostacoli: un giorno ti aiuta a capire un concetto, e il giorno successivo annienta la comprensione raggiunta. Un giorno si crede di aver capito qualcosa, e mezz'ora dopo la mente dice che non si è capito nulla. Talvolta si crede di essere in procinto di impazzire; altre volte ci rallegriamo con noi stessi per la nostra lucidità. La mente da scimmia interferisce continuamente tra noi e la realizzazione. Ogni cosa dipende dalla mente (*mana eva manushyanam karanam bandhamokshayoh*). È la mente a creare gli ostacoli, ma è sempre la mente che può far ottenere l'emancipazione e la liberazione. Essa è un ostacolo per la persona che non ha raggiunto la conoscenza, ma per il saggio è un semplice strumento. La stessa mente, che è considerata un ostacolo, può rivelarsi un utile strumento se si impara a conoscerla.

Se si scherma una lampada da tavolo con cinque, sei, sette o otto paralumi, la sua luce diverrà molto fioca. Rimuovendo gradualmente tutti i paralumi, se ne potrà tornare a vedere la luce. Le limitazioni della mente sono esattamente come guaine che rivestono l'anima. Per raggiungere il regno dell'anima è necessario penetrare un certo numero di livelli mentali – mente personale, mente transpersonale, mente interiore, mente collettiva e mente cosmica. Una volta arrivati al centro della coscienza, non si troverà la mente, ma soltanto coscienza, che è diversa dalla mente: la mente è uno strumento polifunzionale.

Come funziona la mente?
Da dove trae il proprio potere e l' energia?

La mente funziona grazie al potere che definiamo con il termine coscienza. La mente è lo strumento; la coscienza è il potere. Esiste un centro di coscienza, oltre la mente, chiamato anima individuale. Il potere impiegato dalla mente per pensare, ascoltare, capire e giudicare proviene dall'anima. La mente è limitata. Nella *Ishopanishad* è scritto: *tadejati tan naijati tad dure tad vantike, tad antarasya sarvasya tad u sarvasyasya bahyatah* (*Ishopanishad* 5). Questa è una descrizione del Sé, l'Atman. In assenza di movimento, l'Atman[1] corre sempre più veloce della mente. Il significato è: se l'Anima Cosmica, l'Atman, è ovunque, dove credi di correre? La mente non può correre più veloce del Sé, perché l'Energia Divina è ovunque. La mente è uno strumento che può scandagliare solo una minima parte del potere dell'anima, il centro della coscienza, perché riceve energia da questo centro. La coscienza è singola, ma i livelli di coscienza sono innumerevoli. Esistono anche vari livelli di illuminazione e di ignoranza. Se, ancor prima di intraprendere il sentiero dell'illuminazione, riuscite a essere consapevoli dei vari livelli dell'ignoranza, sarete in grado di procedere più facilmente.

Innanzitutto, vorrei parlare della mente, poi parlerò del corpo e quindi dell'anima. Anche in inglese, la parola '*man*' proviene da un termine sanscrito, *manas*, che significa mente. La parola '*man*' dovrebbe essere pronunciata come *mun*, non come 'man'. "Uomo: tu sei un essere pensante. Non sei semplicemente un corpo fisico, come gli animali. Sei anche un essere pensante. Negli altri regni della creazione, la capacità di pensare non esiste. Per questa ragione, io ti chiamo uomo".

Patanjali esordisce occupandosi subito della mente e dei suoi vari stati. È necessario essere consapevoli di essere degli esseri pensanti

1 È uno dei termini che non hanno una traduzione corrispondente in italiano, ma che riteniamo di poter spiegare con Anima Cosmica, il Tutto, in contrapposizione all'anima individuale.

e che quindi la nostra natura intrinseca è quella di pensare. Patanjali non parla di qualcosa di astratto, né parla dell'anima, ma va diritto al punto, a *chitta*, il sé pensante. Il termine *chitta* è tradotto anche come mente; tuttavia Patanjali non parla di ciò che la psicologia moderna chiama mente, ma di un concetto molto più esteso, ovvero della totalità delle funzioni mentali. *Chitta* è il campo in cui opera il resto della mente e tutti gli aspetti di *chitta* sono costituiti dalle modificazioni della mente.

Patanjali intende renderci immediatamente consapevoli della mente, perché è essa stessa, conscia e inconscia, con i suoi vari aspetti, le sue funzioni e tutte le sue modificazioni, *vritti*, a erigere un muro tra noi e la Realtà. L'interferenza della mente crea molti problemi, e anche se la mente ci appartiene, noi non apparteniamo a lei.

Si potrà controllare la mente solo quando si sarà in grado di capirla. Controllare la mente non significa interrompere il processo del pensiero, bensì utilizzarla correttamente e conoscere il metodo che permette di impiegarne ogni sua capacità.

L'uomo conosce soltanto una minima parte della mente, quella conscia, che è utilizzata unicamente durante lo stato di veglia. La mente conscia è molto importante, ma è solo una parte della totalità della mente. In genere chi non ha la mente sotto controllo non è consapevole degli oggetti che lo circondano e delle azioni che sta svolgendo. Chiunque si sforzi di controllare la mente conscia commette un grave errore, sprecando tempo ed energia. L'educazione ricevuta dall'ambiente e dalla famiglia, dalle scuole e dalle università, si occupa soltanto della mente conscia e dello stato di veglia. I sistemi educativi odierni insegnano a coltivare solo la mente conscia; tuttavia, lo stato di veglia non rappresenta la vita nella sua totalità. Siamo i fortunati possessori di un'infinita biblioteca interiore, ma l'istruzione che oggi viene impartita non aiuta a conoscere e a controllare la totalità della mente e questa è la causa del generale stato confusionale in cui oggi si trova il mondo.

Vediamo di comprendere le limitazioni della mente conscia e studiarla come un soggetto di grande interesse. La mente oggettiva utilizza i cinque sensi cognitivi e il processo di cognizione avviene per mezzo di questo aspetto della mente. Persino durante lo stato di veglia non siete abituati a utilizzare correttamente la mente conscia e se non imparate a utilizzarla, non sarete mai in grado di vivere nel presente, nel qui e ora, ma resterete intrappolati nei meandri del passato, o nella giungla dell'immaginazione del futuro, il che equivale a impiegare male il momento presente. Non è possibile godersi la vita se si ha l'abitudine di vivere nel passato o nel futuro: il passato non c'è più, e il futuro non è ancora arrivato. Per vivere qui e ora è necessario comprendere il funzionamento della mente conscia obiettiva, che riceve costantemente sensazioni dal mondo esterno.

La mente di chi non ha esplorato la maggioranza degli stati mentali è in gran parte ancora sconosciuta. Nessuno vi parla della mente inconscia. Quando non sei nello stato di veglia, significa che sei nello stato di sogno, o di sonno profondo. Che cosa accade durante gli stati di sogno e di sonno profondo? Generalmente, ci si sveglia perché ci si sente riposati, o perché si è stati turbati da un intervento esterno. Chi ci dice che erano sufficienti le ore di riposo di cui abbiamo goduto, e che ora possiamo svegliarci? La maggior parte delle persone non è capace di decidere volontariamente di dormire per una mezz'ora. A questo proposito, esiste una tecnica interessante, che consiste nel dire a se stessi: *Qualsiasi cosa accada, dormirò dalle due alle quattro, perché nelle altre ore della giornata devo lavorare.* Se si conoscono i segreti del sonno, nulla al mondo potrà turbarci, nemmeno il suono di cento tamburi.

Sono talmente poche le persone in grado di esercitare un controllo cosciente sui sogni che mi domando per quale ragione le scuole non insegnino a sognare quello che uno desidera o perché non insegnino a dormire a comando. È possibile addestrare la parte della mente che sogna a sognare, e la parte che dorme a dormire a comando? Qual è il significato del sonno? Si conosce l'anatomia del sonno? Chi di voi sapeva che esiste un quarto stato chiamato *turiya*?

Queste domande non trovano risposte adeguate perché non esistono strumenti scientifici atti a fornire serie verifiche. Sono ben pochi quelli che hanno imparato ad addestrare la totalità della mente, con le sue differenti funzioni. Un'area molto estesa della mente è ancora sepolta nell'ignoto e non pochi hanno esplorato gran parte degli stati mentali, oppure sono stati esplorati in modo parziale, e non trovano i mezzi per approfondire lo studio. La maggior parte delle persone sta utilizzando soltanto la mente oggettiva, cioè la mente conscia e i sensi. Anche conoscendo il metodo, la mente conscia e i dieci sensi non sono sufficienti per ispezionare la totalità della mente. Non è possibile imparare la tecnica per conoscere la totalità della mente se si è limitati dalle percezioni dei sensi. È necessario avere accesso a un'altra dimensione. La mente conscia non è uno strumento adatto per accedere alla totalità della mente e, senza trasformare la mente conscia, non è possibile studiare quella inconscia. Alcuni possiedono una determinata conoscenza dell'involucro fisico, ovvero del corpo, che comprende i sensi e la mente conscia ma, conoscendo soltanto il vestito, senza conoscere se stessi, significa ignorare il vero sé interiore: la mente inconscia e l'anima. Chi non compie il viaggio interiore, si perde anche nel mondo esterno.

Non esercitando alcun controllo sulla mente, si vedono le cose soltanto attraverso l'uso di una piccola parte della mente. Risvegliando la mente totale si è in grado di vedere le cose in modo oggettivo. Quando si conosce la mente totale, si controlla la parte della mente che solitamente è utilizzata nella vita di tutti i giorni. Non solo sarà possibile esercitare il controllo della mente conscia adoperata durante lo stato di veglia, ma si potrà anche gestire la parte della mente che opera unicamente durante lo stato di sogno e di sonno profondo, in modo da diventare sempre più dinamici e potenti. Quando si comprende un oggetto nella sua totalità, il suo valore cambia; così, restando affacciati alla finestra, si scorge solo una parte limitata dell'orizzonte, ma quando si esce di casa, si ha di fronte un orizzonte molto più ampio… e se si sale sul tetto, si potrà vedere la totalità dell'orizzonte.

La comprensione della totalità della mente corrisponde alla risoluzione di tutti i problemi. In questo momento, molti di voi vedono il mondo utilizzando solo gli organi della vista, ma se saprete trasformare il vostro sé in un grande occhio, il mondo assumerà un aspetto ben diverso.

Imparando a individuare i vari stati della mente, uno dopo l'altro – lo stato di veglia, lo stato di sogno e lo stato di sonno profondo – è possibile raggiungere il quarto stato della mente, lo stato supercosciente. Questo obiettivo è conseguibile durante lo stato di veglia, ma in realtà il quarto stato è l'espansione della mente conscia.

Oltre al livello conscio e al livello inconscio, la mente agisce anche a un livello più elevato chiamato superconscio. Senza raggiungere il livello superconscio, non è possibile verificare la conoscenza accumulata dalla mente cosciente. Tutti vivono per raggiungere lo stato superconscio e nella speranza di raggiungere la felicità – se non oggi, domani, o il giorno successivo. Infatti, ogni essere vivente ha in sé il medesimo scopo che è quello di raggiungere la felicità. Talvolta la sperimentazione a livello fisico produce stati di gioia, tuttavia questo tipo di gioia è effimero e temporaneo e il piacere che si prova durante l'unione fisica, *vishayananda*, è ugualmente temporaneo, sebbene sia proprio questo "assaggio" a indurre l'uomo a cercare di espandere quegli attimi ricercando e realizzando la beatitudine suprema, la gioia infinita, *paramananda*. Purtroppo è impossibile senza comprendere lo scopo della vita e la consapevolezza della Realtà che può essere raggiunta mettendo in pratica la disciplina dell'antico sapere yogico.

Capitolo 6

SEI UNA PROIEZIONE DI CIÒ CHE CHIAMI MENTE

Patanjali si cala nei regni più profondi dell'essere e scopre le varie funzioni della mente. Proprio come il corpo umano ha quattro membra esterne – due estremità inferiori e due estremità superiori – anche l'essere interiore, *antahkarana*, è dotato di quattro membra: *antah* significa "interno", e *karana* significa "che opera". La persona reale è quella che opera all'interno e quella che opera esternamente non è altro che una proiezione della persona reale. Siamo proiezioni di ciò che è comunemente detta mente. La totalità del corpo dimora nella mente, ma la totalità della mente non dimora nel corpo. La conseguenza è che il corpo segue la mente, e non il contrario. La mente non è una proiezione del corpo: il corpo è una proiezione della mente.

Nella mente esistono quattro funzioni separate, o facoltà, che corrispondono alle modificazioni mentali: *manas* (mente sensoriale o mente inferiore), *buddhi* (intelletto), *ahamkara* (ego) e *chitta* (la riserva inconscia di tutte le impressioni). Queste facoltà creano ostacoli alla ricerca dell'illuminazione che l'individuo svolge nel mondo esterno. Senza comprendere le quattro diverse funzioni della mente, non è possibile comprendere gli stati interiori:

– *manas* è la funzione della mente sempre impegnata a selezionare e a cercare di capire gli eventi che accadono nel mondo esterno;

- *buddhi* è la parte che giudica, discrimina e decide come agire, un'altra funzione della mente;
- *ahamkara*, l'ego, si impegna a cercare di capire il sé e a diventarne consapevole seppure in modo limitato;
- il termine *chitta* è qui impiegato per indicare una funzione della mente. In questo contesto, il ricettacolo delle impressioni, *chitta*, rappresenta l'"inconscio" della psicologia moderna. Le onde pensiero sorgono da *chitta* per poi salire verso la superficie della mente sensoriale-motoria, *manas*.

Tutto ciò accade nel laboratorio chiamato corpo umano. La mente, il gestore del laboratorio, ha molti assistenti, e non riconosce facilmente chi sia il vero capo. Per questa ragione, assume il controllo totale del corpo.

La mente può assumere molte forme e l'ego, *ahamkara*, è una di queste. L'ego crea infinite illusioni, e produce l'oblio della Realtà. L'ego separa dalla totalità e rende piccoli, contraendo la personalità. Ciò che fa di noi 'un individuo' e che non ci consente di espanderci per diventare il Sé cosmico, è l'ego, che forma una barriera tra noi e la Realtà. Non vuole che si conosca la Realtà, perché ha ingannato la Realtà: è sempre l'ego che fa pensare di essere piccoli e malvagi abusando delle risorse umane ed è sempre lui che ostacola la consapevolezza della propria natura divina e il conseguimento della saggezza.

È molto importante comprendere il ruolo di quella parte della mente che viene definita *manas*. *Manas*, che ha un compito fondamentale, ha dieci agenti a propria disposizione: i dieci sensi, che in sanscrito sono chiamati *indriya*. *Manas* ha la responsabilità di importare ed esportare le informazioni. Quando vuole lavorare nel mondo esterno, *manas* impiega questi dieci agenti, i cinque sensi grossolani o *karmendriya* e i cinque sensi sottili o *jyanendriya*.

Questa parte della mente è il 'manager' che li gestisce, ed è sempre impegnata a dare loro lavoro.

I cinque sensi grossolani sono: la capacità di parlare, di lavorare con le mani, di spostarsi con i piedi, di procreare e di eliminare le sostanze non utili al corpo. I sensi sottili invece sono cinque canali distinti che permettono alla mente di orientarsi verso gli oggetti del mondo esterno: la capacità di vedere, udire, toccare, percepire gli odori e i diversi gusti. I sensi sottili sono più attivi e più rapidi di quelli grossolani. Se voglio raggiungervi, mi occorrerà un certo periodo di tempo. Se vi penso, le vostre immagini sono subito presenti, grazie al senso della vista.

Quando i sensi entrano in contatto con la materia, si sperimenta sempre una delle tre tipologie di sensazioni possibili, che sono: dolorosa, piacevole e neutra. Quando fate una passeggiata, vedete molti alberi e la sensazione che ne ricavate non è né dolorosa né piacevole. Quando incontrate un amico che vi sorride, la sensazione è piacevole. Se, invece, vedete una persona che vi irrita, la sensazione è spiacevole.

Per la mente, i sensi rappresentano la maggior fonte di distrazione. Quando la mattina ci svegliamo, la mente conscia inizia subito a operare tramite essi. Apparentemente, i sensi sono in contatto con gli oggetti materiali ma, in realtà, è la mente che stabilisce il contatto. I dieci sensi dipendono sempre dalla mente. Non appena questa diventa attiva, anche i dieci sensi si attivano. Con l'aiuto dei sensi, *manas* riceve le sensazioni. Tutti i tipi di contatto sensoriale producono un'influenza. Ogni volta che si nota un oggetto o si ascolta un suono, restiamo influenzati. Ogni volta che si percepisce l'odore o il profumo di un oggetto o si assaggia un cibo, l'odore, il profumo o il sapore che si percepisce ci influenza. Ogni volta che si tocca qualcosa, la sensazione che si avverte influenza la mente. Ogni giorno si riceve un flusso costante di sensazioni che sono filtrate dalla mente conscia. Quando ti guardo, l'impressione della tua immagine è trasportata dal mio nervo ottico al mio cervello, poi alla mente conscia, e infine alla mente inconscia, dove viene registrata.

Il cervello non è la mente, bensì la sua sede. La mente è come l'elettricità, il cervello è come una lampadina, e il sistema nervoso è come una fitta rete di cavi. La mente opera tramite il sistema nervoso e la comprensione di questa relazione permette di gestire le varie parti in modo coordinato. Nella fase finale, le impressioni trasmesse dai vari organi sensoriali al cervello sono immagazzinate nell'inconscio, *chitta*. Tutto ciò che attraversa la mente conscia finisce per registrarsi nell'inconscio. La mente conscia conferisce importanza e significato alle sensazioni ricevute in accordo ai propri interessi. Per esempio, se mentre vi parlo voi mi guardate, ma la vostra mente è altrove, non potrete afferrare ciò che dico; non capirete nemmeno i miei gesti, nonostante siate accanto a me, con occhi e orecchi ben aperti. Tuttavia, anche in assenza di comprensione, registrerete determinate sensazioni e impressioni che raggiungeranno la vostra mente inconscia.

Cosa accade se io sposto il mio sguardo da voi studenti per rivolgerlo a un altro oggetto, e poi lo riporto su di voi? Io avrò conservato il ricordo della vostra immagine, e ricorderò di avervi già visti perché l'impressione si è già registrata nel mio inconscio. Immediatamente, l'inconscio raggiunge la mente conscia e dice: "Ho già visto questa persona". Questo è il procedimento che permette di riconoscere e di sapere di conoscere, che avviene grazie all'ausilio del vasto ricettacolo interiore della mente inconscia.

La parte della mente definita *manas* impiega i sensi per raggiungere gli oggetti del mondo. *Manas* importa ed esporta attraverso i dieci sensi, ma non ha il potere di importare ed esportare tutto ciò che vuole. *Manas* è anche definita la facoltà di dubbio della mente. Prima di compiere un gesto qualsiasi, la mente riflette: "Devo farlo o non devo farlo?" Questa caratteristica è descritta nella frase che definisce la mente *sankalpa-vikalpatmakam mana* che significa "la mente, *manas*, non ha la facoltà decisionale".

Talvolta, pur dovendo prendere una decisione, si decide di attendere perché si vuole osservare, giudicare, capire: "Ora devo leggere. Oh, è troppo tardi. Devo andare". Giunge il momento della decisione. "Come farò a scrivere il tema?" Questo tipo di dialogo interiore si protrae e le sensazioni conflittuali, determinate dagli schemi di pensiero opposti, divengono un tormento. Infine sopraggiunge il pensiero che vi suggerisce di studiare. Poi, un altro pensiero suggerisce: "Non studiare. Non ha importanza il risultato. Se non prenderò il voto B, prenderò il voto C. Che vuoi che sia?" Poi si presenta una nuova sensazione conflittuale. "La vita è lunga. Ho molti anni da vivere. Posso farlo domani". È possibile imparare a gestire le sensazioni che creano conflitti nella vita quotidiana, anche se è un'impresa difficile.

Se imparerete a controllare la vostra determinazione o non determinazione, non sarete più assillati da sensazioni conflittuali. Talvolta credete di dover compiere una determinata azione, ma in realtà non lo desiderate e quindi vivete in costante conflitto: "Cosa faccio?" Nella mente si manifesta il conflitto perché non siete capaci di decidere al momento giusto. La natura di *manas* è polemizzare e fare domande. Tuttavia, *manas* non ha alcun potere di decidere, giudicare o discriminare perché queste funzioni appartengono alla facoltà della mente che in sanscrito viene definita *buddhi*. *Manas*, la facoltà di dubbio della mente, sottopone entrambe le parti al giudizio dell'intelletto, *buddhi*, la facoltà decisionale; l'intelletto decide immediatamente: "Studiando, sarai in grado di scrivere un buon tema. Ma ora sei stanco. Non studiare".

In pratica l'intelletto, *buddhi*, che controlla *manas*, ricopre l'importante ruolo di consigliere finanziario. È il contabile dell'azienda, e dice: "Tu non hai questa capacità. Non farlo. Non esportare troppo. Non importare troppo. Non abbiamo tutto questo denaro..." È necessario addestrare l'intelletto, che discrimina, giudica e decide, affinché la mente possa importare ed esportare in accordo alla capacità individuale. Se si supera la propria capacità, la compagnia fallisce. La facoltà dell'intelletto è abbastanza preparata per insegnare a quella parte della mente che viene definita *manas*, ma questa è in grado di ascoltare l'intelletto? Quando la mente sottopone al vostro giudizio una possibile azione, innanzitutto dovete decidere se volete o non volete compierla. L'intelletto aiuta a discriminare tra ciò che deve essere accettato e ciò che deve essere rifiutato. È un procedimento perpetuo.

Alcune persone sanno prendere decisioni accurate grazie a ricordi che hanno registrato nella memoria oppure utilizzando l'immaginazione creativa. Queste persone arrivano subito a una determinata conclusione, che è quella corretta. Altre persone non sanno prendere decisioni se non dopo lunghe e stressanti riflessioni. Hanno paura di decidere perché temono di fallire, e pensano: "Se non funziona, che accadrà? È importante che io sappia prendere decisioni al momento giusto, ma non ho imparato a farlo. Ho paura di decidere, e non ascolto la voce della mia facoltà decisionale perché non credo di possederla".

Alcune persone abituano la propria mente a discutere e non raggiungono mai una conclusione perché non consentono alla facoltà decisionale di assisterle. Molti sanno pensare ma non sanno prendere decisioni. Sono grandi pensatori ma non sono guerrieri. Chi non ha saputo addestrare le funzioni della mente, essendo completamente controllata dalle tendenze individuali, non sa prendere decisioni tempestive. Quando si presenta un'occasione importante, è indispensabile saper decidere all'istante. Se non si addestra l'intelletto, si continuerà a pensare: "Devo saltare, o forse devo andare da questa parte? Devo montare in tram o a piedi?" A quel punto, l'autobus sarà già ripartito. Se, per decidere ciò che si vuole fare oggi, si impiegano due anni, si perderà l'autobus della vita e poi ci se ne pentirà. Se, invece, si impara a decidere a tempo debito, non si perderà mai l'autobus della vita.

Anche se possedete una conoscenza superiore alla media, l'incapacità di prendere decisioni tempestive farà di voi dei falliti. Gli intellettuali moderni hanno un grosso problema: si dedicano ad affinare un solo lato dell'intelletto, e poi non sanno prendere decisioni perché non hanno sviluppato l'aspetto discriminante della mente che si chiama intelletto o facoltà decisionale. Il segreto sta nell'avere una mente unidirezionale e quindi si deve allenare l'intelletto a essere concentrato su un'unica cosa alla volta. Quando l'intelletto è unidirezionale, il suo potere decisionale si fortifica e non consente conflitti. Il conflitto, tanto interno quanto esterno, è la causa di ogni tipo di sofferenza. Se non sviluppate la facoltà di discriminazione, vivrete in un perenne stato conflittuale, ma quando imparerete a prendere le decisioni nel momento giusto, eliminerete anche ogni tipo di conflitto. Infatti il termine conflitto significa incapacità di prendere decisioni tempestive.

Per natura, l'essere umano tende a sperimentare in modo autonomo. Per esempio, un bambino è istintivamente attratto dal fuoco e tenterà di avvicinarvisi indipendentemente dai ripetuti ammonimenti dei genitori che ama e imita. Se il padre e la madre non gli permettono di avvicinarsi al fuoco, il bimbo tenterà di toccare il fuoco in loro assenza, e sperimenterà in modo autonomo. L'autoesperienza è però un concetto ingannevole.

Ogni giorno ognuno sperimenta una gamma di circostanze diverse e le esperienze che ne derivano sono sempre formative. Tuttavia, nonostante le innumerevoli esperienze quotidiane, non tutti acquisiscono fiducia in se stessi e credono che, compiendo un determinato passo, otterranno un determinato risultato. Questa mancanza di fiducia in se stessi è dovuta al fatto che l'esperienza non proviene dalla fonte appropriata. Nel corso dell'esistenza l'uomo è sottoposto a vari test in varie circostanze, ma quante delle esperienze vissute sono state veramente utili? L'esperienza che non si trasforma in una guida preziosa non è un'esperienza realmente utile. Non può essere ripetuta in totale fiducia se non si possiede una volontà dinamica. La giusta esperienza proviene sempre dalla giusta fonte, ed è quella che infine ci porta ad affermare con risolutezza: "Agirò così e otterrò questo risultato".

Avete mai visto un degustatore di vini bere da un bicchiere di plastica? Avete mai visto scorrere latte da una grondaia? Anche la coscienza più pura ha bisogno del canale adeguato. Imparando a prendere decisioni tempestive imparerete ad avere esperienze più dirette. L'esperienza diretta è l'unica valida guida.

Tutti possiedono la capacità e il potenziale necessario per addestrare l'intelletto. Quando si inizia ad allenare l'intelletto, si smette di giudicare gli altri e di sprecare il proprio tempo nel tentativo di prendere una decisione. La chiarezza mentale e intellettuale equivale a intelligenza. L'intelletto impara a prendere decisioni immediate e così diventa possibile raccogliere i frutti dei propri desideri. Questo è il significato dell'agire con destrezza. Quando si impara ad agire con prontezza, il passo successivo è agire senza interesse personale, dedicando ad altri il frutto delle proprie azioni. Questo permette di raggiungere la coscienza degli yogi. Anche riuscendo a eliminare le cause della sofferenza da cui siamo afflitti in questo istante, come possiamo essere certi che non soffriremo più? Patanjali afferma che è possibile prevenire e controllare la sofferenza comprendendo il potere dell'intelletto, che è la parte della mente che decide e che giudica. L'intelletto è anche la particolare facoltà che aiuta a conoscere il mondo. Affinando questa facoltà, e non facendola languire, essa sarà in grado di giudicare e di decidere in modo impeccabile. La natura di questo tipo di intelligenza aiuterà a capire ciò che è reale e ciò che non lo è. La vera conoscenza, *viveka*, è il prodotto dell'affinamento della facoltà dell'intelletto.

La facoltà di discriminare – l'intelletto – può aiutare a smistare il contenuto della mente conscia, ma non ha il potere di rivolgersi alla mente inconscia. È dunque molto importante imparare a lasciare che l'intelletto smisti il contenuto che affiora dalla mente inconscia, altrimenti non sarà possibile progredire.

Chitta, il magazzino della mente inconscia, ha molti livelli. La mente inconscia è un deposito in cui si sono registrate tutte le impressioni ricevute. Proprio come un fiume non può esistere senza un letto in cui scorrere, anche il flusso dei pensieri deve essere accolto da un letto. In realtà la mente inconscia è una parte della mente conscia. Non è possibile avere sogni consci e inconsci, né sonno conscio e sonno inconscio. Quello che comunemente è chiamato inconscio, non è che un altro livello della mente conscia. Per quale ragione, dunque, non ne siete consapevoli? Non siete consapevoli della mente conscia perché non avete l'abitudine di analizzarla, e di conseguenza non avete imparato ad addestrarla.

La mente può essere paragonata a un iceberg. Due terzi dell'iceberg restano sotto la superficie dell'acqua, ed emerge dal mare solo un terzo, ossia la parte più piccola. Si tenta di analizzare soltanto la mente conscia, la parte visibile che affiora alla superficie. La controparte latente è ciò di cui non si è consapevoli, ciò che non si conosce. Ciò che è sommerso, ciò che non è percettibile, è l'inconscio. Pur essendo in grado di controllare la mente conscia, talvolta si vede affiorare in superficie la parte nascosta dell'iceberg e si pensa: "Non sapevo questa cosa di me stesso. Non sapevo di pensare in questo modo, di poter compiere azioni di questo tipo". Lavorando su se stessi, invece, è possibile vedere affiorare improvvisamente la parte più recondita di noi stessi. La personalità è modellata dal sé sottile, ma quella esteriore non è il sé più sottile. Ciò che siamo nel momento presente corrisponde esattamente a ciò che siamo a livello latente. Allo specchio non si riflette una bella immagine se si è brutti nel corpo astrale. Quando il ghiaccio sporco si scioglie, anche l'acqua si sporca. Il lavoro su se stessi è indispensabile per non rischiare di ritrovarsi in uno stato di depressione. Comprendendo il proprio inconscio, la vita non è più un mistero. È quindi importante continuare a porsi la misteriosa domanda che non trova risposta nei libri e risolvere l'enigma esistenziale.

Il meccanismo della mente inconscia non è stato ancora studiato in modo esauriente. Le sensazioni raggiungono sempre la mente inconscia dove si registrano le impressioni in tre livelli ben distinti. Tutte le forme-pensiero sorgono dalla mente inconscia, seppur in forma molto sottile, e sono riconoscibili nell'istante in cui affiorano a livello cosciente.

Interrompendo il contatto sensoriale, noi interrompiamo anche l'ingresso di sensazioni nuove. Tuttavia, le sensazioni vecchie, già depositate nella mente inconscia, mantengono l'inconscio in uno stato di perenne tumulto. Se si è convinti di un determinato fattore, e si riceve una nuova sensazione più forte della convinzione precedente, l'impressione del concetto registrato nella mente rimane influenzata da quello nuovo. L'oceano della mente chiamato inconscio è costantemente attraversato da tumultuose e silenziose correnti sotterranee. Inoltre, la mente inconscia può talvolta operare simultaneamente alla mente conscia. La mente conscia cerca di aiutarci proteggendoci dalle sensazioni che creano emozioni, mentre quella inconscia riceve stimoli contro i quali si tenta di opporre resistenze.

Le suggestioni inconsce sono molto più potenti di quelle consce. Supponiamo che io abbia un buon amico, e che arrivi un estraneo a parlarmi di lui in modo negativo. La mia mente conscia non accetta le maldicenze insinuate da questa persona, perché io ritengo di conoscere il carattere del mio amico. Quando il nuovo interlocutore si allontana, la mia mente inconscia, che ha già accettato le sue parole, inizierà a dirmi che, forse, questa persona ha ragione. La mia mente conscia non ha accettato nulla, ma inconsciamente io ho già accettato tutto. "Dopotutto, non è proprio impossibile che il mio amico abbia fatto questa cosa. Per quale ragione non mi ha detto nulla? Non conoscevo la vera natura del mio amico e questo mi addolora".

A livello cosciente, si esprime disaccordo, eppure a livello inconscio le insinuazioni sono già state accettate. Questo principio è valido anche per il mito dei fantasmi. Arriva qualcuno e mi dice che ai piedi di un determinato albero vive un fantasma, ma io non sono pronto ad accettarlo. La mia mente è molto scientifica, polemica, razionale, e non può accettare una tale affermazione. Però una notte, mentre passo accanto all'albero, improvvisamente mi ricordo del fantasma. Questo accade perché ho inconsciamente accettato il suggerimento iniziale. Ogni volta che si discute con qualcuno, anche se si mantiene la nostra filosofia, siamo già stati inconsciamente influenzati dalla controparte, perché l'inconscio registra anche ciò che la mente conscia non condivide.

Da piccolo, dopo la morte dei miei genitori, fui affidato alle cure di una amica di famiglia. Io ero molto vivace. Come tutti i bambini, correvo continuamente e questa donna non riusciva a controllarmi. Nel tentativo di trovare una soluzione, un giorno mi disse: "Ascolta, se andrai in quel posto incontrerai un fantasma, e il fantasma ti porterà via".

Consapevole del tentativo di controllo che stava esercitando, io non volli credere alle sue parole, tuttavia, spuntò la curiosità di vedere il fantasma. Non avevo paura, perché non credevo alla sua storia. Le persone che avevo intorno erano tutte molto gentili con me, e nessuna si chiamava "fantasma". Anche se a livello conscio io non accettavo i suggerimenti sull'esistenza del fantasma, inconsciamente li avevo già assimilati e ancor oggi, quando passo accanto all'albero, mi ricordo sempre la storia del fantasma. Non ho mai dimenticato quella storia.

Capitolo 7

CONTROLLARE E COORDINARE TUTTI GLI ASPETTI DELLA MENTE

Grazie alla comprensione della natura della mente è possibile imparare a regolarne e a controllarne tutte le funzioni. Le modificazioni della mente, *vritti*, sono come onde sul lago della mente. Non è possibile conoscere il contenuto della mente inconscia finché quella conscia è in tumulto. Se il lago della mente è increspato, non è possibile vedere la realtà che si nasconde sotto la sua superficie. Se non si è capaci di calmare la parte conscia della mente, come si puo pensare di poter toccare la totalità dell'inconscio, calandosi nei suoi abissi?

Il *sutra* dice: *Yogash chitta-vritti-nirodhah*. A causa della confusione creata dalle diverse lingue, numerosi scrittori hanno tradotto il termine *nirodhah* con soppressione, repressione o restrizione. Soppressione non è la traduzione esatta. Che cosa si intende per soppressione? Forse che *manas* non deve pensare, e che l'intelligenza, *buddhi*, l'ego, *ahamkara*, e il sé pensante, *chitta*, non devono essere operativi? Intende forse sopprimere tutte le facoltà della mente? Se si chiama in causa la soppressione, o la repressione, l'esistenza sarà determinata esattamente dalla soppressione e dalla repressione. La soppressione produce sofferenza ed è anche molto pericolosa per la vita mentale: tutto ciò che è soppresso, riemerge istantaneamente nei sogni notturni.

Non è credibile che Patanjali affermi la necessità di sopprimere la mente. In realtà, afferma che sarebbe opportuno controllare la mente, affinché questa raggiunga lo stato di perfetto equilibrio. Ecco il vero significato di *nirodhah*: controllo. Vi è una profonda differenza tra soppressione e controllo. Controllare qualcosa significa esserne padrone e saperla gestire. Qualsiasi sentimento soppresso torna sempre a galla, e in breve controlla la nostra vita. Controllare non significa sopprimere, né bloccare. Controllare la mente non significa non pensare. Fermare il pensiero non è un metodo yogico. Controllare non significa non fare, non agire. Controllare significa sapere utilizzare una particolare facoltà ed esercitare un comando cosciente anche sui poteri interiori ignoti. Controllare significa "incanalare, regolare, fortificare e usare correttamente". La mente dovrebbe essere controllata esattamente come il fantino sa dirigere con fermezza il cavallo impedendogli di correre dove vuole. Similmente,si dovrebbe riuscire sempre a pensare esattamente nel modo in cui desideriamo.

Nirodhah significa coordinare e coltivare gli aspetti della mente affinché questa raggiunga uno stato di equilibrio e di tranquillità, e sia pronta a conseguire lo stato supremo della saggezza, il *samadhi*. Questo è yoga. La mente che ha coltivato lo stato dell'equilibrio è pronta per il *samadhi* che può avvenire soltanto dopo aver conseguito lo stato di *nirodhah*. Yoga significa controllo. Grazie al controllo della mente e delle sue modificazioni, si può diventare uno yogi. Imparate a controllare la mente dall'interno. Quando la controllate dall'esterno, invece che diventare degli yogi, diventate dei *bhogi*[2]. *Nirodhah* non significa sopprimere la mente, i sentimenti o i pensieri. La repressione non fa diventare yogi; fa ammalare. Cercate di imparare a controllare la mente, le azioni, la parola, i pensieri, le emozioni e i desideri con l'aiuto delle pratiche esposte da Patanjali.

---

[2] È l'esatto contrario di uno yogi, ossia un gaudente, senza alcun autocontrollo.

Se non siete ancora arrivati a sviluppare il controllo, *nirodhah*, è perché non avete ancora sviluppato la forza di volontà, *sankalpa-shakti*. Se ancora non possedete questa sottile qualità della mente è dovuto al fatto che non avete imparato a coordinare le sue diverse facoltà. Se il mio corpo non è coordinato, e le mani mi dicono di prendere una cosa, la bocca mi dice di mangiarne un'altra, e gli occhi mi dicono di guardarne un'altra ancora, il mio comportamento sarà quello di un pazzo. Non avete sviluppato il controllo della mente perché non avete imparato a coordinare *chitta*, *manas*, *buddhi* e *ahamkara*. È indispensabile comprendere e coordinare tutti gli aspetti della mente.

Le tendenze che caratterizzano la mente inferiore devono essere controllate per prime. Per esempio, nel momento stesso in cui si pensa di rubare qualcosa che desideriamo perché non abbiamo i mezzi per comprarla, *buddhi* ci dice che non è giusto, ma l'ego, *ahamkara*, ci offre una motivazione: "Voglio averla. Nessuno verrà a sapere che l'ho rubata". Se non purifichiamo l'intelletto, *buddhi*, se non si incoraggia lo sviluppo della facoltà interiore che decide, giudica e discrimina, non si riuscirà a guidare *manas*. La facoltà discriminativa di *buddhi* continuerà a ripetere: "Non farlo, non farlo, non farlo!", ma noi lo facciamo lo stesso, perché *manas* ci avrà ormai offerto una buona motivazione. *Manas* controlla i sensi. Appena vi svegliate, la mattina, dovreste stabilire un coordinamento tra *manas* e *buddhi* e per questo motivo è importante comprendere il significato di coordinazione.

Un giorno chiesi al mio Maestro: "Supponiamo che io voglia ottenere qualcosa, o che sia motivato a compiere una determinata azione. Qual è il metodo per praticare il controllo?"

Egli mi rispose: "È molto semplice. Qui c'è un fazzoletto, e tu vuoi averlo. Dì alla tua mente di prenderlo, ma senza spostare alcuna parte del corpo. 'Ok, mente. Puoi avere il fazzoletto, ma io non permetterò alle mie mani di muoversi'. Tu conosci unicamente la gioia che puoi sperimentare afferrando il fazzoletto. Hai mai cercato di capire quanta gioia puoi provare non afferrandolo? No. Tu non sai quanta gioia puoi sperimentare non compiendo una determinata azione".

La mente vi dice: "Prendilo. È buono. Stimola i sensi e appaga la mente. Devi averlo". Si deve essere consapevoli che il corpo non è la mente. Se non si è capaci di controllare la mente, possiamo almeno controllare il corpo fisico. "Ok, mente. Puoi averlo. Io non posso".

Senza cooperazione tra la mente, *manas*, e i sensi, gli agenti della mente, nulla può accadere. Il pensiero che non è stato realizzato è destinato a morire, ma potrà ritornare, perché si trova registrato nel magazzino dei ricordi sotto forma di impressione. Questo pensiero potrà motivarci nuovamente a compiere la medesima azione, ma possiamo dire un'altra volta: "Ok, mente, puoi averlo". Ecco la disciplina in azione. Potete disciplinare le vostre azioni perché vedete il corpo che le esegue. Vedendo le vostre mani, riuscite a decidere di trattenerle. State semplicemente disciplinando il corpo, non la mente. "No, non lo voglio". E la mente continua a ripetere: "Prendilo. È bellissimo. Ti piacerà". Il corpo dice: *no*. In questo modo siete in grado di addestrare il corpo. Addestrando i sensi, si può aiutare la parte della mente che definiamo *manas* e, addestrandola, aiutare i sensi, perché questi sono subordinati alla mente.

Il grande saggio Rama Tirtha nutriva una vera e propria passione per le mele. Ogni volta che vedeva una bella mela, gli veniva l'acquolina in bocca. Questa passione divenne presto un'ossessione, e Rama Tirtha iniziò a pensare alle mele in continuazione. Ogni volta che aveva fame, il saggio non mangiava se prima non vedeva una buona mela perché il suo appetito si risvegliava

soltanto alla vista delle mele e quindi, per prima cosa, si procurava una mela, e poi mangiava.
Un giorno Rama Tirtha analizzò la situazione e disse: "Bene, cara mela, ora ti sistemo io". Dopo essersi procurato una mela, la pulì, la lavò, la tagliò, la dispose in un piatto e la decorò con cura, ma non la mangiò. Pochi giorni dopo, la sua ossessione era svanita.

—•—•—•—

Quando si decide di seguire una disciplina, si scopre di possedere una grande forza interiore, e di poter provare una gioia immensa. Disciplina non significa non fare una determinata cosa. Non è questo il punto. Quando volete seguire una disciplina, è necessario che voi siate consapevoli di quattro cose: cosa fare, quando farlo, come farlo e dove farlo. In questi quattro fattori è presente la discriminazione, il consiglio di *buddhi*. Dovreste chiedervi: "Che cosa devo fare?" E *buddhi* controbatterà. "Quando farlo?" Tutto ciò che si fa con la consulenza di *buddhi* va certamente bene. L'intelletto conferisce abilità e destrezza, perché vi dice dove e come fare le cose. Quando non vi affidate alla consulenza della facoltà di discriminazione, o agite in modo contrario al suo consiglio, la forza di volontà si affievolisce.

Per quanto sia considerata civilizzata, l'umanità è ancora allo stato brado. Se il corpo di polizia e il corpo militare fossero eliminati dal mondo per soli tre mesi, il caos planetario conseguente vedrebbe sopravvivere ben pochi individui. La polizia si occupa di sorvegliare la moralità del cittadino. La disciplina è imposta dallo stato a chi non è disciplinato. Patanjali insegna che quando si impara a disciplinare se stessi e a vivere con se stessi, si impara anche a vivere con gli altri.

Chi teme la disciplina, o non vuole essere disciplinato, non può aspettarsi molto da se stesso. Se si sviluppa l'abitudine di voler fare una determinata cosa, e non la si riesce mai a fare, si indebolisce la propria forza di volontà sino ad annientarla. Innanzitutto, si deve dire a noi stessi: "Voglio farlo". Poi si dirà: "Posso farlo e lo farò, indipendentemente dalle conseguenze". Questa è forza di volontà.

Se si vuole fare una determinata cosa, si deve anche portarla in fondo senza pensarci due volte. Si agisce e basta, indipendentemente da quanto può accadere, o da quanto ardua può rivelarsi l'impresa. Questo passo produrrà in voi una volontà dinamica che vi renderà capaci di compiere meraviglie. La volontà si occupa dei desideri e delle necessità. Sono innumerevoli le attrazioni e le seduzioni che tentano di controllare la vostra esistenza. Essere vittima di queste forme di attrazione significa avere una forza di volontà debole. Quando la forza di volontà è debole, si cede facilmente a forme di vittimismo, provando disgusto per se stessi e colpevolizzandosi. Se vi esaminate in profondità, potrete accorgervi che tutti i desideri sono guidati da motivazioni. In assenza di forza di volontà, scoprirete di essere dei falliti. Quando si desidera ottenere un determinato risultato, si deve agire con decisione e applicare la mente in una sola direzione. Tuttavia, se la mente è distratta e confusa, non si potrà ottenere il risultato sperato per cui è bene imparare a rafforzare la forza di volontà.

Forza di volontà equivale al termine sanscrito "*sankalpa-shakti*". In che modo si può accrescere la propria forza di volontà? In che modo si può utilizzare questa forza nella vita quotidiana? Come si può raggiungere uno stato di saggezza che consenta di realizzarsi tanto interiormente quanto esteriormente?

Patanjali afferma: *Yogash chitta-vritti-nirodhah.*

Il dinamismo della forza di volontà è proporzionale alla concentrazione della mente. Ognuno di voi è esperto in determinati campi d'azione. Se la forza di volontà scorresse in modo fluido, ognuno potrebbe essere esperto in qualsiasi campo. La mente non è capace di concentrarsi perché molti di voi non hanno mai pensato di dover allenare ed esercitare la forza di volontà, evitando di porsi davanti dei traguardi, seguendo il primo impulso, per poi restare delusi. Per prima cosa, è bene stabilire un traguardo e decidere di raggiungerlo, ma poi lasciate che sia il traguardo a raggiungervi. Quando Maometto fu pronto, la montagna andò da lui e non fu lui ad andare dalla montagna. In modo analogo, la montagna del traguardo può raggiungervi. È giusto impegnarsi al fine di rendere la mente unidirezionale, e lasciare che il suo oggetto venga verso di voi. Quanto più la mente sarà unidirezionale, tanto più voi diverrete forti, grazie alla forza della volontà.

Per mancanza di comprensione, si tende a entrare in contatto con la forza di volontà soltanto quando si scopre che ci è stato sottratto un oggetto, oppure quando si deve affrontare un'avversità. In tale circostanza, la mente impara a concentrarsi. Una mente pienamente concentrata fortifica lo sviluppo della forza di volontà. Quanto più è confusa la mente, tanto più la forza di volontà è debole.

È indispensabile avere una forza di volontà dinamica, capace di sostenerci quando è necessario. Per affrontare e superare qualsiasi momento difficile basta avere una grande forza di volontà e per svilupparla è sufficiente imparare a organizzare lo stato confuso della mente. La mente è distratta dall'attività dei sensi, tuttavia imparando a controllare la mente oggettiva, e addestrandola a focalizzarsi solo su un oggetto, potrete sviluppare la vostra forza di volontà. Più forza di volontà avrete, più dinamica sarà la vostra personalità.

Con la concentrazione si sviluppa la forza di volontà e in breve si impara anche a controllare la mente. Il momento in cui si scoprono le reali capacità della mente, si concretizzano cose che prima sembravano impossibili e si comprende quello che prima si riteneva incomprensibile. Si acquisisce una memoria sempre più vasta, in breve si cessa d'agire per pura abitudine, ma si riesce a dirigere la mente ovunque si desidera. Il mondo è intrappolato nella dinamica delle incertezze su cosa fare o non fare e sono rare le persone che si soffermano a considerare la dinamica del *come* fare. Facendo ben attenzione su *come* compiere una determinata azione, le attività considerate negative saranno trasformate in opportunità.

La forza di volontà non è una facoltà separata, piuttosto significa coordinare perfettamente i diversi aspetti della mente. Patanjali consiglia di imparare a controllare le modificazioni della mente affinché tutti gli aspetti dell'essere interiore risultino coordinati. Colui che, desiderando compiere una determinata azione, agisce in piena consapevolezza e con totale attenzione, è dotato di una grande forza di volontà e quindi non potrà mai essere obbligato a fare qualcosa che non desidera fare. Quando si compie un'azione che non si vorrebbe compiere, si viene a produrre uno stato di tensione che a sua volta crea impressioni che rischiano di causare malattie. Solo concentrandosi sui propri doveri, si eviterà l'insorgere della tensione o di altri problemi emotivi. La tensione è prodotta dalla mancanza di attenzione. Se non si desidera compiere una determinata azione, o se non si ha alcun interesse in essa, non si deve agire perché, altrimenti, non si fa che indebolire la nostra forza di volontà.

Il mondo può rivelarsi un luogo terribile per chi non sa come condurre la propria esistenza e quando deciderete di analizzare la vostra situazione, motivati da un desiderio di comprensione, probabilmente mi darete ragione. Ognuno crea le circostanze della propria vita... e i conflitti, come quelli di chi si è pentito d'avere sposato una certa persona o ha acquistato una casa che non gli piace più e vorrebbe cambiarla o deve svolgere un lavoro che vorrebbe cambiare. Queste situazioni creano conflitti e tensioni, e compiere gesti che non si vorrebbero compiere può anche creare problemi mentali. Non esiste tensione senza conflitto. Il lavoro in sé, per quanto faticoso, non crea tensione. Molte persone dicono di soffrire a causa di una mole eccessiva di lavoro. In verità, nessuno causa del proprio lavoro, per quanto faticoso, ma della tensione che può crearsi con esso. Il conflitto è sempre accompagnato dal dolore, è il padre del dolore.

Ritenete di essere costretti a compiere il vostro dovere e vi giustificate dicendo: "Le circostanze e le condizioni in cui mi trovo mi costringono a compiere determinati doveri. I doveri controllano la mia vita". Invece, siete schiavi dei sensi, dei capricci e delle abitudini. Vi siete dimenticati che siete stati voi stessi a creare i doveri che ora vi intrappolano, e vi ritenete vittime dei doveri: "Questo è il mio dovere, devo farlo". Diventate tutti molto seri quando parlate dei vostri doveri nei confronti del partner, dei figli, dei fratelli e delle sorelle. Questo tipo di atteggiamento nei confronti del dovere causa tensione, stress e caos mentale. Compiendo ripetutamente un'azione che non desiderate compiere, producete tensione e vi predisponete alla malattia.

Qual è la soluzione? Dovete forse interrompere i vostri doveri e fuggire sull'Himalaya, alla ricerca di qualche *sadhu* errante? Non è possibile vivere in pace nel mondo senza compiere i propri doveri. La soluzione è imparare a compiere i propri doveri con amore. Cercate di non agire mai senza applicare la dovuta attenzione e di provare interesse per ciò che fate. Comportandovi in questo modo, le abitudini inconsce non avranno il sopravvento perché quando si compie un'azione in modo inconsapevole, si sta affermando di essere sotto il controllo delle abitudini inconsce. Focalizzando l'attenzione sul mondo esterno, arriverete a educare la mente. La consapevolezza è proporzionale al grado di attenzione. Se vi concentrate su quelle azioni che non desiderate compiere, presto inizierete a odiarle, e infine le abbandonerete mentre, se vi concentrate su quelle che desiderate compiere, risveglierete l'interesse e l'azione vi darà gioia.

Spesso si agisce per provare del piacere pur non amando affatto ciò che si sta facendo, ma riuscirete ad amare qualsiasi cosa facciate solo quando adotterete un atteggiamento più consapevole nei confronti degli oggetti del mondo. Se non siete consapevoli della vostra salute, del vostro potenziale, e delle cose che amate, queste doti non vi saranno di alcun aiuto. Cercate di essere pienamente consapevoli delle cose che amate. Per sperimentare anche la più piccola gioia in questo mondo, la mente deve essere focalizzata e unidirezionale. Quando la mente è distratta, e agite pensando ad altro, non è possibile apprezzare l'esperienza dell'azione. È nella natura della mente occuparsi di una sola cosa per volta, pertanto quando dovete agire, la mente deve essere concentrata sull'azione che state per compiere: questo è il vero piacere.

Ricordatevi ogni mattina di osservare ogni azione e se vi succede di fare qualcosa che fate per abitudine e che non gradite o sapete che non è giusta, presto la mente cesserà di muoversi con il corpo. Se la mente si muove, anche il corpo si muove, ma se il corpo si muove, non è detto che si muova anche la mente. Il termine sanscrito *apta* è utilizzato per indicare la circostanza in cui parole e azioni seguono il pensiero. Anticamente, tutti erano *apta*. Ora, il termine *apta* è degenerato in *aap*. In India si usa il termine *aap* per indicare una persona irriverente. Nessuno è veramente *apta*, perché manca la disciplina.

Nelle relazioni di coppia, moglie e marito fingono di amarsi. La moglie, per esempio, non ha voglia di ridere, ma se il marito vuole vederla ridere, lei lo farà, ignorando il desiderio di stare tranquilla. Non è necessario comportarsi sempre come dei burattini. Se qualcuno si aspetta che ridiate e voi non ne avete voglia, non dovete sforzarvi. Se continuate a fingere, create una doppia personalità. Quando il vostro comportamento differisce dal modo in cui pensate, si vengono a creare i presupposti della malattia. L'ottanta o il novanta per cento delle malattie è causato da questo problema. Se la mente non è concentrata su ciò che sta facendo, è come se voi non agiste. Siete lì, ma la vostra mente è altrove. Potete fare un esperimento: ovunque voi andiate, scoprirete che la mente è assente. Costringendo il corpo a muoversi contro la vostra volontà, dimostrate di non aver compreso la relazione tra corpo e mente. Ricordatevi sempre che la totalità della mente non è il corpo, ma la totalità del corpo è nella mente. La mente non è delimitata dalle necessità del corpo. Proprio per questa ragione, l'essere umano non può essere soddisfatto appagando unicamente le necessità del corpo. La mente non è limitata dal corpo, ma il corpo esiste nell'ambito dei confini della mente.

L'essere umano possiede capacità immense. Ogni sorta di potere è già presente in voi. Il vostro potenziale è infinito. Se imparate a comprendere questo potenziale e ad applicarlo, il successo è assicurato. Innanzitutto, dovete essere consapevoli del vostro potenziale. Siete abituati a misurarvi soltanto con la parte superficiale della mente che conoscete, quella che avete curato e lucidato. Non avete fiducia in voi stessi. Affermate di essere delle brave persone e non volete che gli altri conoscano i vostri difetti. Nessuno desidera sentirsi cattivo, ma quando entrate in contatto con la parte negativa di voi vi scoraggiate e accantonate l'idea di avere un buon potenziale. Siate consapevoli di avere la capacità di controllare e di gestire le attività della vostra mente. Se non siete in contatto con il vostro potenziale, non potete avere questo tipo di fiducia che ha radici nella ragione e nei fatti; non riuscite ad avere fiducia in questa convinzione che è passata attraverso il processo intellettuale di *buddhi*, e che vi dice: *Eccomi qui. Le cose stanno così.* Allora non avrete più dubbi.

In che modo si entra in contatto con il proprio potenziale? Osservate il potere della mente e in che modo esso controlla la vostra vita. Anche la capacità di condannare voi stessi, che vi rende tristi e disillusi, è un suo potere. Come condannate voi stessi? Dite: *Sono malvagio. Sono sporco. Sono inutile e senza speranza. Sono piccolo e non so nulla. Non sono forte fisicamente. Non ho abbastanza denaro.* Siete voi a a sminuirvi.

La distrazione è il potere negativo della mente. Ogni giorno avete bisogno che qualcuno risvegli in voi la consapevolezza del vostro intrinseco valore, della vostra bellezza e bontà. Cercate di imparare a riconoscere quando siete tormentati dal potere negativo della mente. Litigate con i vostri pensieri. Un lato della mente vi protegge, mentre l'altro vi aggredisce e il sistema nervoso è devastato da questa dinamica malsana: una parte della mente che si pone sulla difensiva, mentre l'altra aggredisce. E poi lo chiamate intellettualismo! Siete scissi in due parti. *Oh, è una persona cattiva. No, non è cattiva. Perché no? Sì, è cattiva.* Dopo dieci minuti dite: *Che cosa sto facendo a me stesso? Non dovrebbe riguardarmi se questa persona è buona o cattiva. Che cosa mi induce a provare un sentimento negativo quando penso a questa persona?* Identificandovi con i pensieri negativi, create un inferno personale.

La parte della mente che vi pone in conflitto è assai potente. Patanjali afferma che non siamo la mente. La personalità, l'esistenza, non è solo mente. Cercate di non seguire il consiglio della mente che, essendo stata caricata negativamente, agisce in modo negativo. La mente è uno strumento, e possiamo controllarne l'attività. Quando vi riuscirete, il centro della coscienza inizierà a svelarsi. Certe volte vi preoccupate dell'illuminazione e della liberazione senza capire il potere della mente. Il potere della mente può essere anche molto negativo. I bambini distruttivi hanno questo tipo di potere. Irritati, i genitori li puniscono perché non sanno come gestire la loro energia e, non sapendo come affrontarli, prima li puniscono, e poi si pentono. Il medesimo potere, indirizzato verso la creatività, può essere molto positivo. La mente ha due facoltà: una è distruttiva mentre l'altra è creativa. Il potere distruttivo dice: *Io sono cattivo, piccolo, orribile e solo. Nessuno mi ama. Sono completamente solo.* Vorreste essere aiutati perché non sapete chi siete. Non volete affrontare la realtà perché avete paura, e ormai siete abituati a condannare voi stessi.

I pensieri negativi, incontrollati e passivi, possono essere molto dannosi. Il pensiero ha un ruolo importante nella malattia fisica. Molte malattie incurabili sono state create completamente dalla mente e gran parte delle malattie psicosomatiche nascono proprio in essa, siamo noi stessi a crearle. L'origine della malattia è sempre il conflitto, interno o esterno. Nelle malattie psicosomatiche i mutamenti delle reazioni fisiologiche e biologiche si verificano a causa dei pensieri e delle emozioni. I conflitti interiori sfiancano il sistema nervoso e fanno soffrire. Se intendete capire la vostra mente, per prima cosa dovete capire i vostri pensieri, che sono fondati sulle emozioni. Le forme di pensiero negative sono responsabili dell'insorgere delle malattie perché molte persone ne diventano succubi. Un pensiero affiora nella mente e si allontana, mentre voi ve ne lasciate influenzare, ed è questo che può condurre a forme di malessere o malattia.

Se è negativo, vi deprime; se è positivo, vi ispira. Se vi soffermate su questo pensiero, finite per identificarvi con esso, dimenticando la realtà e voi stessi. Siete in grado di liberarvi di questa forma di negatività controllando il processo del pensiero e non consentendo ai pensieri di soffermarsi sulla negatività. Lentamente, cercate di vedere le buone qualità e di risvegliare la positività. A quel punto, vedrete con chiarezza la follia di essere controllati dalle forme di pensiero create da voi stessi.

Grazie alla comprensione del meccanismo profondo della mente, possiamo imparare a riconoscere che siamo noi a creare i nostri problemi, e siamo sempre noi a cercare di guarire noi stessi. Afferrando il meccanismo della mente, scopriamo che le malattie psicosomatiche possono essere facilmente guarite perché in noi esistono innumerevoli agenti di guarigione e la forza di volontà è uno di questi. Se la mente è sana, sarete protetti dalle malattie. Alcune malattie, come le infezioni e le inevitabili malattie virali, richiedono un trattamento medico, ma anche in questo caso avere una mente sana sarà di grande aiuto. Infatti, alcune persone guariscono velocemente perché la loro mente è sana, mentre chi ha una mente debole necessita di un periodo di tempo prolungato per guarire.

La psicologia moderna, pur consapevole del potere negativo della mente, non sa come risvegliarne il potere positivo. Il giorno in cui si scoprirà il metodo per risvegliarlo, ci si accorgerà che la mente può essere utilizzata anche per guarire. Ho personalmente dimostrato di poter creare un tumore nel mio corpo semplicemente pensando in modo negativo. Ho voluto dimostrare che la mente negativa può istantaneamente creare problemi al corpo. Quando ho ripreso a pensare in modo positivo, il tumore è scomparso[3].

Chiunque può comprendere l'esistenza dei due lati della mente. Tramite l'educazione e la pratica, potrai liberarti di ogni malattia.

Evitate, comunque, di condannarvi e non pensate mai di non essere capaci di progredire, o di non poter migliorare. Il potere è uno, ed è sempre lo stesso. È possibile modificare il potere negativo per trasformarlo in potere positivo? Lo stesso potere che impiegate per condannarvi pensando in modo negativo, può trasformare la personalità se pensate in modo positivo. Potete diventare tutto ciò che desiderate se non pensate mai di essere troppo piccoli e di non avere potere. Voi avete il potere di essere divini.

La mitologia indiana narra di un saggio chiamato Valmiki. La sua storia è simile a quella di san Paolo. Era uno dei peggiori criminali, ma divenne uno dei più grandi saggi. Valmiki era dedito al furto, e derubava specialmente gli *swami*. Desiderava rubare agli *swami* perché pensava che essi fossero un peso per la nazione e per loro stessi. Quando incontrava un gruppo di *swami*, per prima cosa li derubava, poi li uccideva. Era un uomo forte.

[3] Vedi Appendice A, Tumori.

Aveva scoperto che derubando la gente poteva facilmente adempiere alla propria responsabilità di mantenere la famiglia. Un giorno, mentre derubava un gruppo di *swami*, incontrò un saggio. Lo *swami* gli disse: "Aspetta. Puoi fare ciò che vuoi, ma prima cerca di scoprire chi sarà responsabile delle tue azioni, del tuo *karma*. Io so che lo fai per la tua famiglia, perché devi compiere il tuo dovere. Ma ti chiedo di provare a domandare a tua moglie e ai tuoi figli se si assumono loro la responsabilità del tuo *karma*".

Valmiki disse: "Mia moglie mi adora. Si prenderà lei la responsabilità per i miei bambini, che mi amano immensamente".

Lo *swami* insistette: "Ti chiedo di andare a domandarlo a loro. Ti prometto che noi non ci sposteremo. Ti aspetteremo qui".

Valmiki andò a casa e disse alla moglie: "Voglio che tu sappia che il mio lavoro consiste nel derubare e nell'uccidere la gente. Sei pronta a condividere le conseguenze delle mie azioni?"

La donna disse: "Tu sei pazzo. Per quale ragione dovrei condividere le conseguenze delle tue azioni?"

Valmiki andò dai figli e domandò: "Voglio che sappiate che sono un criminale. Siete disposti a cogliere i frutti delle mie azioni?"

I figli risposero: "No. Tu sei nostro padre e stai compiendo il tuo dovere. Sei tu a commettere le azioni e quindi sei tu a dover cogliere i frutti delle tue azioni, non noi".

Valmiki tornò dal saggio e riferì l'accaduto. Il saggio disse: "Ora capisci d'essere tu il responsabile dei frutti delle tue azioni, e nessun altro. Tu commetti azioni criminali per nutrire i tuoi figli e per compiacere tua moglie. Questa cosa non ti sarà di alcun aiuto". Improvvisamente, Valmiki divenne consapevole della Realtà. Grazie a questo improvviso risveglio, divenne un saggio.

È doveroso accettare le proprie responsabilità nei confronti degli altri, ma è anche necessario discriminare e comprendere le proprie azioni. Sono veramente utili? Esistono altri esempi di trasformazione personale. La trasformazione totale è possibile, proprio come sulla via di Damasco la personalità di Paolo fu trasformata. Quando si diviene consapevoli della Realtà interiore, la personalità si trasforma.

Cercate di capire la totalità della mente, e di imparare a conoscere voi stessi, tanto esternamente quanto internamente. È molto facile conoscere se stessi, se lo si vuole veramente. Ma voi cercate sempre di sfuggire a questo dovere. Avete paura di conoscere voi stessi. Sin da piccoli, siete stati educati a vedere e a esaminare gli oggetti del mondo esterno. Nessuno vi insegna a guardarvi, a cercare dentro. Siete estranei a voi stessi quanto lo sono gli altri. Due estranei si innamorano, poi si scambiano delle promesse, sorridono, parlano e costruiscono una casa insieme, ma poi scoprono di aver distrutto la propria vita sociale. Questo accade in tutto il mondo. La vita si potrebbe riassumere in una parola: relazioni. Relazioni con il mondo esterno e relazioni interiori. Quale relazione intrattiene il vostro corpo con il respiro, i pensieri e la coscienza? Quale relazione intrattiene la coscienza individuale con gli altri individui e con l'intero universo?

Corpo e mente sono entità separate, ma lavorano insieme. Il corpo ha una relazione con la mente grazie all'aiuto di due 'guardiani', chiamati inalazione ed esalazione. Nell'istante in cui questi cessano di collaborare, le due entità crollano. La parte mortale (il corpo, il respiro e la mente conscia) si separa dal sé parzialmente mortale (la mente inconscia) e dal sé immortale (l'anima individuale, o *jiva*). Quando il sé mortale si separa dal sé parzialmente mortale, e dal sé immortale, sopravviene la morte. Morte significa separazione dal corpo, dai sensi e dalla mente conscia e inconscia e dall'anima. La morte si verifica quando il respiro cessa di mantenerci in vita. La gente si preoccupa della morte e ne parla spesso perché ne ha paura. Anche se la morte è un'abitudine del corpo, l'uomo non vuole cercare di capirla o di analizzarla. La morte è molto pacifica, ma la paura della morte procura dolore.

Voglio dirvi una cosa: se state aspettando la morte, sarete delusi. La morte non trasforma mai la personalità interiore; non è mai un aiuto. Proprio come il sonno non cambia la vostra condizione finanziaria, così la morte non trasforma la vostra personalità. È necessario imparare a trasformare la propria personalità adesso, cercando di comprendere non soltanto il corpo, il respiro e la mente conscia, ma anche le due parti dell'inconscio – la parte attiva e la parte latente. Morte significa separazione, non annientamento totale. Dopo aver abbandonato il corpo, voi siete ancora vivi. Quale parte di voi continua a vivere? La mente inconscia, il ricettacolo di tutte le impressioni di merito e demerito, i *samskara* – tutto ciò che avete fatto – continua a vivere. La mente inconscia è un veicolo dell'anima. Tutte le azioni sono registrate in questo magazzino sotto forma di memorie. La morte è un po' come iniziare un nuovo giorno. Oggi, voi siete gli stessi di ieri. Il sonno vi fa dimenticare alcune cose, ma non quelle più utili. Tutte le impressioni accumulate dal passato – da ieri, da ieri l'altro, dall'anno scorso, da tutta la vita, da numerose vite – tutte le impressioni ricevute in passato sono immagazzinate nella mente inconscia.

Gli *yogi* riconoscono le persone che hanno incontrato nelle vite precedenti. Per gli *yogi*, la vita precedente è paragonabile al giorno precedente. A questo proposito, nel corso del mio apprendimento, il mio Maestro mi mise spesso alla prova e la conoscenza di questo principio mi ha creato grandi problemi. Talvolta, incontravo una persona che conoscevo già da una vita precedente. Quella persona, che nella vita precedente era mia nemica, in questa vita mi era amica. Per quale ragione? La ragione sta nell'ineluttabile legge che ogni azione deve avere una reazione. In pratica chi mi era stato nemico, ora mi era amico, e quelli che erano stati amici, ora mi erano nemici. Trovavo molto difficile adattarmi a questa verità: ero sospettoso di tutti e non riuscivo ad avere relazioni. Sovente, mi si presentavano le impressioni di due o tre vite passate come in un film.

Dopo la morte non si va all'inferno, o in paradiso, perché si continua a vivere nei propri schemi abituali. Si prosegue in accordo ai modelli abituali dell'inconscio, che è un veicolo per l'anima individuale. La mente inconscia rimane con noi. Ci chiamano individui perché abbiamo un veicolo individuale che si è formato grazie agli schemi, alle impressioni, ai desideri e alle motivazioni abituali individuali. Le abitudini di un individuo non sono uguali a quelle di nessun altro. Ciascuno è diverso, non in virtù di un pensiero diverso, ma di un comportamento, di desideri, motivazioni, impressioni e *samskara* diversi. Tutti noi manteniamo il veicolo dell'inconscio anche dopo la morte. In questo luogo si registrano le impressioni, i *samskara* e i desideri. Senza conoscere i propri *samskara* non ci si può purificare, né utilizzare la saggezza trasportata dalle vite precedenti, o dall'infanzia.

Chi crea i *samskara*? Talvolta vi rassegnate a dire che Dio vi ha creato così come siete, e che nulla può essere cambiato. Pensate di non potervi trasformare, di non poter ricevere aiuto e vi mettete a pregare.

Supponiamo che qualcuno vi offra del cibo. Avete appetito, e mangiate. Sarebbe bello se voi ringraziaste dicendo: *Signore, questa è la tua grazia.* Al contrario, dite: *Signore, digerisci il mio cibo. Per fa-*

vore, mastica per me, fai circolare il mio sangue. Questo atteggiamento non è utile. È paragonabile al tentativo di spremere olio dalla sabbia. L'essere umano ha il potere e la capacità di comprendere tanto la propria esistenza terrena quanto l'esistenza universale, la Verità eterna e immortale.

Capitolo 8

LA PERSONALITÀ INDIVIDUALE È FORMATA DALLE ABITUDINI

Patanjali insegna a capire noi stessi con semplicità. Se volete studiare i vostri *samskara*, le azioni compiute in passato, non avete bisogno di sapere la matematica. Se desiderate conoscere la vostra personalità, capire come aiutare voi stessi, e decidete di enumerare le vostre cattive qualità, non farete che rinforzarle. In questo modo non aiuterete voi stessi e non arriverete a comprendere la vostra personalità che è definita dalle abitudini. Nessuno vi ha detto di diventare ciò che siete; l'avete deciso voi stessi. Il volto è quello che avete deciso di dipingere. Ciò che siete, l'avete scelto voi stessi, proprio come avete scelto il colore degli abiti che indossate. Siete voi gli architetti del vostro carattere, del vostro essere. Per conoscervi dovreste imparare a osservare con attenzione le vostre abitudini più radicate.

Spesso, nella mente dell'allievo che crede di essere già purificato in virtù della propria pratica, si insinua un pensiero: pensa di non avere più bisogno di compiere austerità o pratiche di purificazione e, improvvisamente, inizia ad andare a ritroso, nella direzione degli schemi abituali. Se esaminate la vostra personalità, scoprirete che è soltanto un insieme di abitudini profondamente radicate. Anche se fate del vostro meglio per cambiare la personalità, gli schemi abituali ve lo impediscono. L'abitudine è un fattore assai potente.

L'azione compiuta ripetutamente diventa abitudine. Essa è la base del carattere e della personalità, ma voi vorreste cambiarla senza cercare di capire i vostri particolari schemi abituali. L'azione compiuta ripetutamente si registra nel magazzino della mente, in *chitta*, che è il deposito dei meriti e dei demeriti, e può diventare una motivazione a fare qualcosa di diverso. Se continuate a compiere la medesima azione, questa diventa un'abitudine. Gli schemi abituali – come l'abitudine di mangiare troppo, di essere ostinati, di non andare d'accordo con il proprio partner – divengono componenti assai potenti della mente inconscia. Molte persone, senza nemmeno guardare l'orologio, a mezzogiorno in punto si alzano per andare a mangiare, giusto per abitudine. Altri si svegliano, ogni mattina, sempre alla stessa ora, indipendentemente dall'ora in cui sono andate a dormire la sera precedente perché hanno sviluppato un'abitudine, e non riescono a dormire dopo una certa ora. Inconsciamente, qualcuno si alza nel mezzo della notte e si rosicchia le unghie, altri invece scendono dal letto e, impulsivamente, si dirigono al frigorifero per mangiare qualcosa, altri ancora nascondono alcune caramelle sotto il cuscino. Fa parte dello stesso impulso e si è formato dalle abitudini per mancanza di controllo della mente.

—•—•—•—

Voglio raccontarvi una storia che illustra la forza degli schemi abituali. Il mio Maestro provava simpatia per uno dei grandi governanti indiani che, in verità, era uno dei peggiori individui che avessi mai incontrato. Questo personaggio aveva l'abitudine di bere e, quando era triste, andava a trovare il Maestro. Sovente, io interrogavo il Maestro: "Perché consenti a un simile animale di sprecare il tuo tempo?"

Il Maestro rispondeva: "Tu non lo sai, ma una parte di quest'uomo è molto buona".

"Puoi aiutarlo?"

"Vorrei aiutarlo, ma lui non ascolta nessuno".

Una mattina, il Maestro mi disse: "Il Maharaja governante tal-dei-tali è destinato a morire in un incidente, proprio domani. Noi cercheremo di proteggerlo; cercheremo di recitare la nostra parte".

Io dissi: "Se vuoi proteggerlo, dobbiamo andare. Se non vuoi, non dobbiamo andare".

"Andiamo", disse il Maestro.

Il Maestro fece convocare il governante con sua moglie, e disse loro: "Accomodatevi. Io non vi ho mai chiesto nulla. Se ora vi chiedo un favore, me lo accorderete?"

Entrambi risposero: "Sì. Puoi avere il nostro palazzo e anche la nostra ricchezza".

Ma egli replicò: "No, io non ho bisogno di spazzatura. Non saprei che farmene. Il mio ordine, come vostro guru o anche come semplice estraneo, è di dirvi che, domani, non dovrete uscire di casa. Convocate le guardie e rinchiudetevi nella vostra stanza e non uscite per tutto il giorno. Domani alle cinque siete destinati a morire, ma io voglio proteggervi. Sto combattendo contro la morte. Volete cooperare con me?"

Marito e moglie promisero che non sarebbero usciti. Io sedevo accanto al Maestro. Gli domandai: "Che cosa accadrà?"

Egli rispose: "Io sto svolgendo il mio dovere, ma loro non mi ascolteranno".

"Allora a che serve tutto questo?"

"Sarà una lezione per gli altri studenti".

Il governante fu tenuto sotto scorta, chiuso a chiave nella propria stanza. Il mio Maestro ordinò alle guardie: "Qualsiasi cosa accada, per nessuna ragione dovrete lasciarlo uscire".

L'uomo aveva l'abitudine di tenere con sé una pistola Colt. Anche quando era circondato dalle guardie, aveva sempre con sé la pistola. Ed era alcolizzato. Alle cinque di quel giorno, era destinato a morire. Alle tre del pomeriggio iniziò a bere. Dopo aver bevuto due bottiglie di whisky, disse: "Io sono il vostro governante. Se mi tenete prigioniero, vi farò rinchiudere in prigione". Poi disse alla moglie: "Tu sei mia moglie. Domani mi sposo con un'altra donna".

Le guardie, spaventate, aprirono la porta. L'uomo trascinò la moglie con sé e la costrinse a salire in auto dicendo: "Tu sei mia moglie. Devi stare con me".

La donna sapeva che stava per accadere qualcosa di grave. Alle quattro e mezza l'uomo perse il controllo della guida. L'auto andò a schiantarsi e fu completamente distrutta. Morirono entrambi. Ricordo che ero con il Maestro quando egli disse: "Che posso fare? Non hanno voluto ascoltarmi".

Talvolta siete consapevoli di non agire in modo corretto; altre volte sapete che non dovreste compiere una determinata azione. La causa è sempre la mente, *manas*, che vi ha condotto a formare determinati schemi mentali. Per esempio: che cos'è l'alcolismo? All'inizio si beve in modo consapevole e poi, quando si continua a bere regolarmente, si sviluppa un'abitudine. L'abitudine è qualcosa che affonda le radici nell'inconscio, e sulla quale non si può esercitare alcun controllo. Le abitudini si registrano nell'inconscio e poi filtrano dalla mente conscia. Tutti sanno che non si dovrebbe bere alcolici perché fanno male al fegato. Tuttavia, le abitudini inconsce di alcuni di voi li spingono a bere. Per un paziente diabetico, lo zucchero è veleno, eppure io ho visto molti malati di diabete comportarsi in modo irresponsabile e aggiungere molto zucchero al caffé o al the. Addirittura alcuni rubano lo zucchero, pur sapendo di sbagliare, perché l'abitudine li costringe a comportarsi così. Il medico dice: "Non bere, non consumare zucchero, non mangiare troppo, fai qualche esercizio ginnico". Siete consapevoli che questi sono buoni suggerimenti, eppure non li seguite, perché le cattive abitudini hanno il sopravvento. La facoltà di discriminazione indica chiaramente che cosa si deve fare, ma non tutti l'ascoltano. Questo significa che non vi è coordinamento tra le due facoltà – *buddhi* e *manas*. L'intelletto vi dice di non farlo, ma molti di voi continuano a farlo per abitudine. Dovreste piuttosto imparare ad affinare l'intelletto e ad accogliere i suoi suggerimenti, che vi guidano sempre sulla retta via. Se continuate a compiere il medesimo errore, significa che l'intelletto non funziona bene, perché non è stato addestrato. L'unica parte dell'intelletto che avete allenato è quella che vi guida nella vita di tutti i giorni, ma se siete succubi di un'abitudine profondamente radicata, quella parte dell'intelletto non sarà sufficiente. Le abitudini affondano le loro radici nel profondo e anche se cercate una guida esterna, non vi impegnate a educare gli strumenti interiori. Molte volte affermate: "Non voglio sapere questa cosa". Non volete sapere determinate cose, anche se le conoscete già, perché certi vostri aspetti non li apprezzate e quindi non volete neppure affrontarli. In realtà avete paura di affrontare il vostro sé. Se riuscirete a individuare le vostre abitudini, potrete capire tutte le sfaccettature della vostra vita interiore. Quando un'abitudine è ben radicata, nemmeno l'intelletto può aiutarvi.

Non è difficile essere sani; anzi, è molto semplice, ma bisogna essere decisi. Volete veramente essere sani? Ponetevi questa domanda. Avete ogni possibilità di esserlo, ma siete soltanto bloccati dalle abitudini che, se solo lo voleste, potreste riconoscere facilmente. In poche ore siete in grado di diventare consapevoli di tutte le abitudini radicate che vi spingono ad agire, e vi condizionano a oscillare di umore. Lavorando con gli schemi abituali, potrete raggiungere qualsiasi risultato e ottenere la salute fisica, mentale e spirituale.

È naturale, per la mente, continuare a scivolare e indugiare nei solchi delle esperienze passate perché la vita è dominata dal passato. Per trasformare il carattere è necessario sforzarsi di non ripercorrere le abitudini del passato perché le azioni ripetute scavano solchi profondi nella mente. Quanto più spesso si compie una determinata azione, tanto più profondo è il solco che si crea nella mente inconscia e, a un certo punto, non si è più in grado di cambiarlo. Infine, si sarà costretti ad arrendersi, si penserà di non avere più alcuna facoltà di intervenire su una determinata abitudine.

La scienza dello yoga insegna che è possibile partecipare alla creazione di nuovi solchi nella mente. Se riuscite a comprendere in che modo avete formato una determinata abitudine, potrete cambiarla con facilità. Se create nuovi solchi e lasciate la mente libera di esplorarli, potrete velocemente cambiare le vecchie abitudini e trasformare la personalità. Per registrare queste nuove impronte, dovrete ripetere le nuove impressioni più volte, affinché la mente si sposti dai vecchi solchi a quelli nuovi. Se mi consegnate un secchio d'acqua, e io spruzzo l'acqua tutta intorno a me, il suo segno sul terreno rimarrà invisibile. Se, invece, verso l'intero contenuto in un punto preciso del terreno, presto si viene a creare un solco. Per eliminare un'abitudine negativa è necessario formarne una nuova positiva. Le abitudini sono molto potenti ma, a poco a poco, è possibile cambiarle: dovrete soltanto dedicare del tempo a lavorare su di voi. Imparando a gestire la mente inconscia, imparerete anche a dirigere quella conscia. Cambiando le abitudini, e sostituendole con altre nuove, sarete in grado di trasformare completamente la vostra personalità.

Capitolo 9

ESSERE CONSAPEVOLI DELLE ABITUDINI

È possibile diventare consapevoli delle abitudini studiando la gestione delle quattro fonti primitive. È un metodo molto pratico per capire se stessi. Studiando il regno della vita animale, si scopre che tutte le creature che hanno raggiunto il livello della manifestazione, ovvero tutte le forme di vita, sono sottoposte a quattro pulsioni primitive: mangiare, dormire, accoppiarsi e difendersi. Queste pulsioni sono istintive. Tutti gli esseri viventi – animali, umani e vegetali – sono sottoposti a queste forze primitive. Le piante dormono; gli umani dormono. Le piante si accoppiano; gli umani si accoppiano. Anche le piante hanno un sistema nervoso, che tuttavia non è sensibile quanto quello dell'uomo, eppure se praticate un taglio a una pianta, questa "piange". Anche gli animali mangiano, dormono, si accoppiano e hanno un istinto di conservazione. La differenza tra gli animali e gli esseri umani è che i primi sono completamente controllati dagli istinti. Al contrario degli esseri umani, essi però non si dedicano all'accoppiamento in qualsiasi momento dell'anno. Il loro comportamento sessuale è controllato dalla natura: esiste un tempo prestabilito, ovvero una stagione per l'accoppiamento. Questo non vale per gli esseri umani che, al contrario, si accoppiano in qualsiasi momento e in qualsiasi luogo. La differenza è notevole: gli appetiti, le emozioni, i pensieri, le attività, sono solo ente controllati dalla natura. Poiché siete dotati del potere di discriminazione, di capire e di controllarvi, siete responsabili delle vostre azioni.

Gli istinti esercitano un forte impatto sulla mente e sul corpo. È necessario imparare a gestire i problemi causati dalle pulsioni primordiali. Innanzitutto, esaminate quali sono le vostre inclinazioni nei confronti di cibo, sonno, sesso e istinto di conservazione. Patanjali insegna che è indispensabile regolare i propri appetiti.

Se decidete di osservare il modo in cui la mente gestisce il desiderio di cibo, potete iniziare a porvi alcune domande: Quando avete fame, siete in grado di attendere? Se non mangiate immediatamente, come vi comportate? Per quale ragione mangiate? Siete consapevoli che il cibo influenza la mente, e non soltanto il corpo? Esistono in commercio alimenti che sono stati sottoposti a numerose alterazioni durante il processo di lavorazione. Se qualcuno vi offre uno di questi cibi, provate il desiderio di mangiarlo o siete capaci di rifiutarlo, sapendo che soltanto gli alimenti naturali e nutrienti giovano alla salute, pur non essendo altrettanto invitanti? Il desiderio di cibo e i gusti acquisiti sono due realtà separate. Qual è il rapporto tra i vostri gusti e il desiderio di mangiare? Siete schiavi del senso del gusto? La schiavitù nei confronti dei propri appetiti sminuisce il valore del nutrimento. Cercate, quindi, di educare la mente a considerare il valore nutritivo della vostra alimentazione.

Dopo migliaia di anni di sperimentazione, l'umanità non ha ancora imparato a nutrirsi in modo adeguato. Tutti mangiano, eppure non tutti hanno imparato a condurre un'esistenza sana. Un giorno, un grande yogi mi disse che la capacità di controllare gli sbocchi della mente è una caratteristica dell'individuo evoluto. Per alcuni istanti non riuscii a capire il significato delle sue parole. La maggior parte delle malattie fisiche si manifesta a causa di una apertura – la bocca. La bocca è la parte più sporca del corpo. Se non si spazzolano i denti con regolarità, il fegato non funzionerà più bene. Se trascuriamo l'igiene orale, saremo soggetti a malattie.

L'attitudine corretta, nei confronti del cibo, dovrebbe essere: si mangia per vivere, non si vive per mangiare. Per essere sani si deve seguire un'alimentazione sana. Se si decide di adottare il tipo di alimentazione salutare che segue un amico, avendo però un'attitudine diversa, l'effetto del cibo sarà diverso. Non è sufficiente mangiare alimenti sani, ma si deve sapere anche *come* ingerire il cibo.

Cercate di mangiare al momento giusto, e godetevi il pasto. Mangiare a orari prestabiliti è un'abitudine sana. I medici sono professionisti intelligenti ed esperti, ma non hanno mai tempo. Persino i medici si ammalano, perché non sanno gestire le abitudini che regolano il sonno e l'alimentazione. Indipendentemente dalle circostanze esterne, cercate di sviluppare l'abitudine di degustare il cibo in tranquillità, e non permettete mai alla professione di interferire. Non è necessario mangiare ogni giorno allo scoccare della mezza. Se a quell'ora state lavorando, stabilite un orario differente. Non è consigliabile fare un unico abbondante pasto in tutta la giornata, anzi è preferibile mangiare due o tre volte al giorno, piuttosto che consumare un solo pasto, ma troppo abbondante. Analogamente, non è raccomandabile sprecare la propria giornata per preparare sei o sette pasti: ritmi simili non lascerebbero mai riposare l'intestino.

Cercate di abituarvi a non bere acqua, o altri liquidi, durante il pasto. Potete bere mezz'ora prima, o mezz'ora dopo. Esiste anche un altro modo per ingerire i liquidi, che consiste nell'assumerli sotto forma di alimenti. La mia percezione, per esempio, è che il latte sia un vero e proprio alimento, più che una bevanda e che bere e mangiare sono due processi ben diversi.

Nella maggioranza delle antiche tradizioni, prima del pasto, si recita una preghiera di ringraziamento. Questa usanza ha un significato ben preciso: i succhi gastrici e la saliva hanno un'importanza fondamentale per il processo della digestione e la preghiera offre l'opportunità di acquietare la mente e di cominciare a secernere la saliva e i succhi gastrici prima ancora di iniziare a mangiare. Se questi ultimi sono insufficienti, si rischia di non avere una buona digestione e si potranno accusare vari malesseri. Utilizzando la forza di volontà non è possibile produrre succhi gastrici e saliva in quantità sufficiente a promuovere una buona digestione. Persino assumendo vitamine e seguendo una dieta completa, senza però creare una sufficiente quantità di succhi gastrici e di saliva, non potremo digerire bene. È importante pensare alle calorie e al valore nutrizionale degli alimenti, ma se si soffre di un problema di digestione non è possibile assorbire nemmeno il più sano degli alimenti. Gli enzimi e le secrezioni dell'apparato digerente dipendono dall'adeguato funzionamento del sistema endocrino che è controllato dalle emozioni.

Un cibo semplice, fresco e ricco di elementi nutritivi è certamente favorevole alla salute, tuttavia è fondamentale migliorare il proprio atteggiamento e il modo in cui si pensa perché i pensieri e le emozioni sono strettamente collegati. In Germania, nel 1956, fece scalpore il caso di una donna il cui marito aveva chiesto il divorzio mentre la moglie stava ancora allattando il figlio. Il turbamento emotivo la rese talmente nervosa che il bimbo, pur essendo sempre stato in ottima salute, diventò blu e svenne. Visto che quando si sperimenta un'emozione, la biochimica del corpo si trasforma e questa trasformazione produce tossine, è bene essere sempre sereni e rilassati durante i pasti: regolarità e buon umore sono due fattori molto importanti.

Cercate di creare un'atmosfera di allegria e di spensieratezza quando siete a tavola, ed evitate qualsiasi discussione. Litigare con il proprio partner durante i pasti non è una buona abitudine, ma non lo è neppure quella di brontolare o picchiare i figli quando si sta mangiando! Se si costringe un bambino che sta piangendo a mangiare, non digerirà bene il cibo. Se siete depressi, ansiosi, o se state litigando con qualcuno, non dovreste assolutamente toccare cibo. Se mangiate quando siete agitati, anziché dare energia al corpo, creerete solo tossine. Quando lo stato emozionale è alterato, o fuori controllo, fareste meglio a non avvicinarvi alla stanza da pranzo. Calmatevi e poi mangiate con calma. La vita è breve; cercate di goderne ogni istante, mentre ne avete l'opportunità. Se non siete di buonumore, qualsiasi cosa mangiate, non apporterà alcun nutrimento e non la digerirete.

Sin dalla prima infanzia sono stato educato a mangiare da solo e in silenzio. Personalmente, le condizioni esterne non mi turbano, né ho bisogno di essere sempre in compagnia, ma ho l'abitudine di mangiare in allegria. L'allegria è essenziale, soprattutto per chi vive nel mondo con una famiglia, quindi imparate a essere allegri, affinché la biochimica del corpo sia pronta a digerire il cibo.

Indipendentemente dalla quantità del cibo, quando mangiate dovreste essere tranquilli, e imparare a masticare a lungo. Molti ingoiano il cibo senza neppure masticarlo mentre, per digerire, si dovrebbe masticare ogni boccone almeno trentacinque volte. Se avete l'abitudine di esagerare nella quantità, continuate pure, ma almeno ricordatevi di masticare a lungo ogni boccone. La tendenza a esagerare nella quantità dipende dal fatto che spesso non vi concedete il tempo necessario per assaporare il cibo: in pratica, non fate altro che riempirvi lo stomaco senza neppure accorgervi di cosa avete nel piatto. Il colmo dei colmi è che vivete per mangiare, eppure non avete tempo per mangiare. Sapete perché mangiate troppo? Perché la vostra dieta non contiene sufficienti sostanze nutritive, sali minerali e vitamine e sentendo che vi manca qualcosa, continuate a mangiare. Quando la dieta è sana ed equilibrata, non è possibile abbuffarsi. Un'altra ragione potrebbe essere che la mente non è in armonia. Spesso, chi mangia troppo sta semplicemente cercando un sostituto a qualcos'altro. Tra il corpo e la mente vige una legge di compensazione. Mangiare troppo è un segno di insicurezza che proviene dal livello mentale e può diventare una malattia. Cercate di mangiare secondo le necessità fisiche, di non eccedere, e di non oltrepassare le vostre capacità.

Indipendentemente dal tipo di alimenti ingeriti, cercate di amare il cibo che scegliete. Quando andate a una festa, talvolta credete di dover mangiare per evitare di offendere gli amici, mentre non dovreste mai forzarvi a mangiare soltanto per compiacere qualcuno. Non aiutate nessuno mangiando: se non ne avete voglia, non forzatevi, e non forzate nessuno a mangiare troppo. Se ogni giorno vi obbligate a mangiare in modo eccessivo, la ghiandola della tiroide ne risentirà, e ingrasserete. Dato che oggigiorno il sovrappeso è una delle malattie più diffuse e la più pericolosa, abituatevi a nutrirvi solo di ciò che considerate più adatto alla vostra costituzione. Lavorate gradualmente su voi stessi. Le persone che mangiano in continuazione non hanno esattamente un problema fisico, per quanto i medici sostengano che tutto dipende dalla tiroide: il problema di queste persone è di tipo emozionale. È ovvio che chi si alza alle due di notte per fare uno spuntino, oppure nasconde il cibo sotto il cuscino, per essere certo di avere sempre qualcosa da mangiare, ha problemi di tipo emozionale.

Prima dei pasti, in Occidente talvolta si segue l'usanza di bere due dita di vino come aperitivo, per risvegliare l'appetito. Nella scienza dello yoga non esistono aperitivi. Per facilitare la digestione, terminato il pasto ci si sdraia sul fianco sinistro per una decina di minuti. Tuttavia, se una persona mangia una quantità di cibo esagerata, e poi si addormenta, russa e sogna, come dovrà interpretare i sogni? I suoi sogni non riveleranno la sua personalità, piuttosto gli effetti nefasti del cibo. Può anche capitare che chi mangia tardi la sera o troppo, si trovi ad avere dei brutti incubi durante la notte, perché se si va a dormire dopo un pasto troppo abbondante, o se si ha un rapporto sessuale immediatamente dopo aver mangiato, si possono avere incubi.

Alcune persone hanno l'abitudine di cenare molto tardi, forse perché non sanno che l'abitudine di cenare subito prima di andare a dormire è molto nociva. Tra il termine del pasto e il momento di andare a letto dovrebbero trascorrere tre o quattro ore. Il pasto serale dovrebbe essere molto leggero e sarebbe meglio attendere di avere digerito prima di andare a dormire; viceversa, si corre il rischio di ammalarsi.

Consumare tre o quattro pasti al giorno e dormire per otto-dieci ore, è una tradizione comune e diffusa. Nessuno sa veramente per quale ragione abbiamo bisogno di otto-dieci ore di "punizione", eppure questa abitudine è ormai una tradizione: dormire così tanto equivale a sprecare la vita. Nello stato di veglia abbiamo a nostra disposizione l'opportunità di sfruttare il nostro potenziale, ma quando dormiamo eccessivamente perdiamo il contatto con la consapevolezza cosciente e sprechiamo tempo prezioso. Le ore di sonno superflue potrebbero essere impiegate per meditare, studiare, scrivere, o cercare di aiutare qualcuno.

All'inizio del mio addestramento, ho imparato a non dormire più del necessario. Sonno significa inerzia. Come si può dormire in pace, se si sa di dover raggiungere una meta precisa? Io non mi considero un asceta, o un grande *swami*, ma non riesco a dormire a lungo. Non appena mi addormento, la voce interiore mi sussurra: *Sei forse in questo mondo per dormire? Che farai dopo la morte? Dormi troppo! Sei in uno stato di incoscienza. Tu hai raggiunto lo stato conscio per realizzare qualcosa, per scoprire nuovamente chi sei, invece stai perdendo tempo ed energia. Svegliati!* Guardo l'orologio e vedo che sono in anticipo, rispetto alla mia sveglia interiore, che è puntata alle tre. Sono solo le 2:30. Quindi penso: *Mezz'ora in più per la mia pratica? Forza, siediti!* Qualcosa di simile a un fuoco interiore non mi permette di dormire, e non ci riesco anche se lo desidero. Talvolta dormo per diciassette giorni, senza interruzione, ma quello non è sonno. Non riesco a dormire più di due ore e mezza senza sentirmi in colpa, come se avessi commesso un crimine. I miei doveri sono tanto pressanti che, se dormissi le normali sei ore, non sarei in grado di portarli a termine tutti. Quando non riesco a completare il mio lavoro, la coscienza mi dice: *Perché mangi? Che cosa mangi? Tu incontri tante persone che ti sono devote, e che ti toccano i piedi. Come puoi non portare a termine il tuo lavoro?* Io sono in grado di lavorare ininterrottamente, giorno e notte, per molti giorni. Nessuno riesce a stare al mio passo, perché so come riposare. Io riesco a riposare anche nella stanza da bagno, semplicemente sedendo. Dopo un riposo di dieci-quindici minuti, mi sento rigenerato e riprendo a lavorare.

Io non riesco a capire come certe persone possano dormire tanto a lungo. Quale spreco di tempo e di energia! Siamo forse nati per dormire? Prima di nascere, quando eravamo immersi nel sonno profondo, probabilmente stavamo meglio. Sarebbe giusto ridurre le ore di incoscienza imparando a controllare lo stato di sonno e sapendo di avere poco tempo a disposizione, imparare a dormire un sonno breve ma molto profondo. *La mente dice: Non ho molto tempo. Devo dormire ora, perché poi ho alcune cose importanti da fare.* Allora, non appena vi sdraiate, vi addormentate. Quando avete troppo tempo a disposizione, e andate a letto, può accadere che non riusciate ad addormentarvi. Nuocete a voi stessi perché non siete a conoscenza di alcune informazioni indispensabili per organizzare gli stati interiori. Imparando queste norme, potrete avere un corpo sano e una mente giovane. Il sonno può essere controllato imparando l'arte di dormire.

Persino se bevete troppa acqua, prima di andare a dormire, rischiate di avere brutti incubi. In ogni caso, se avete bevuto troppo, ricordatevi sempre di andare in bagno prima di andare a letto. Dovreste anche seguire la pratica di *panch-snan*, che consiste in una veloce abluzione di viso, mani e piedi.

Se siete capaci di regolare il movimento dei polmoni, avrete un sonno migliore, perché una respirazione irregolare turba il sonno.

Provate a chiedere a un amico di osservare il modo in cui respirate, durante il sonno. Quando il partner dorme, tranquillo, provate a osservarlo. Talvolta, lo vedrete inspirare rapidamente ed espirare molto lentamente, oppure noterete una lunga inspirazione seguita da una breve espirazione. Questo significa che il moto dei polmoni è irregolare. Il moto irregolare influenza il nervo vago e il sistema nervoso autonomo.

Alcune persone soffrono di insonnia perché la loro mente cosciente è sempre attiva e preoccupata. Vogliono dormire ma non riescono. Generalmente, per addormentarsi sono necessari dieci-quindici minuti soltanto. Se si ha bisogno di più tempo, significa che in realtà non si è deciso di dormire. Se volete dormire, dormite. Se siete sicuri di voler dormire, dovreste addormentarvi rapidamente, e senza sforzo. Potete dire a voi stessi che alle dieci in punto dormirete. Quando desiderate riposarvi, ordinate all'inconscio che dovete dormire. L'abitudine secondo la quale si deve dormire quando si è stanchi non è corretta: infatti, quando sono molto stanchi, i bambini non riescono ad addormentarsi e piangono. Dopo aver pianto per un po', si addormentano: non si addormentano perché il corpo è stanco, ma perché hanno pianto a lungo.

Personalmente, non importa a che ora vado a dormire, so esattamente quando devo svegliarmi. Questa è una regola che ho sempre seguito. Mi sono posto questa domanda: se la mia vita è controllata dalla pigrizia, che senso ha viverla? Non si deve permettere all'ozio di controllare la nostra vita: l'ozio è il peggior nemico della vita e se siete pigri, nessuno potrà aiutarvi. Dormire troppo è offensivo nei confronti dell'esistenza. In realtà, non è possibile dormire più di tre ore e mezza. Le onde delta, che indicano il sonno profondo, non possono durare per più di tre ore e mezza. In pratica voi trascorrete la maggior parte del tempo rigirandovi nel letto. Talvolta vi svegliate, e poi ricadete subito in un sonno agitato dai sogni. In taluni casi questo tipo di sonno può creare squilibri nel metabolismo, e poi lo chiamate riposo. Il vero sonno profondo non dura più di tre ore e mezza. Non è possibile dormire *veramente* per un periodo di dieci ore se non si è sotto l'effetto di un'anestesia.

Cercate di stabilire la durata del sonno dicendo alla mente: *Io dormirò per un'ora perché più tardi dovrò lavorare*. Questo è sonno volontario. Prima di andare a letto, provate a decidere: *Oggi dormirò. Alle due e mezzo farò questa cosa. Alle tre sarò in meditazione. Domattina andrò a lavorare. Io sono un membro della società e devo condividere il mio tempo con altre persone. Devo farlo. Non posso trascurare gli altri. Voglio riposare profondamente. Non sarò in grado di prestare attenzione al mio lavoro se non sarò riposato*. L'ultima decisione della sera, prima di andare a letto, dovrebbe essere: *Domani mi sveglierò fresco alle tre, o alle quattro del mattino, secondo il mio programma. Pertanto, mi immergerò in un sonno profondo e nessuno mi potrà turbare*.

La determinazione della mente, il *sankalpa*, è molto importante. Prima di andare a dormire, io dico a me stesso che avrò un sonno profondo e che mi sveglierò alle cinque in punto. Io so che non dovrò ritardare nemmeno di un minuto. In passato, per un certo periodo di tempo, tendevo a ritardare – quattro, cinque, talvolta dieci minuti, ma ora non accade più. Se decido che mi devo alzare alle cinque, mi alzo esattamente alle cinque. Seguendo un metodo predeterminato potrete veramente godervi il sonno. Al contrario, voi puntate una sveglia e poi andate a dormire, oppure chiedete all'operatore telefonico di inviarvi uno squillo. Questo significa ignorare il proprio potenziale interiore. Prima di andare a dormire, per alcuni minuti provate a impartire queste istruzioni alla mente. Chiedete a voi stessi di dare completo riposo alla mente e di svegliarvi a una determinata ora. Innanzitutto, decidete di dormire per un numero di ore prestabilito e non ricorrete a una sveglia, o a un telefono, o all'aiuto di un'altra persona per svegliarvi. Potete benissimo farlo da voi. I primi tentativi probabilmente non daranno i risultati sperati, ma col tempo avrete successo e il sistema della sveglia interiore triplicherà il vostro potenziale.

Imparando a utilizzare il tempo nel miglior modo possibile durante lo stato di veglia, imparando a calmare la mente e a espandere la coscienza, si può anche ridurre la quantità di sogni e di sonno di cui abbiamo bisogno. Nella mia vita ho avuto occasione di vivere con Gandhi, e con molti altri maestri di yoga, e di osservarli. Queste persone non dormivano più di due ore e mezza, ogni notte, ed erano in perfetta salute. Troppe ore di sonno non solo sono inutili, ma possono anche essere dannose, perché dopo un sonno di molte ore la personalità non cambia, né cambia la condizione economica. Il riposo offerto dal sonno è parziale; non dona un riposo profondo alla totalità dell'essere. Il sonno mette a riposo il cervello, il sistema nervoso, i muscoli e la mente conscia, ma non mette a riposo la mente inconscia, né la totalità della mente. Quando vi svegliate, sapete di non aver riposato pienamente. Se la mente non riesce a riposare, la malattia inizia ad alterare dapprima il sistema nervoso, poi il corpo fisico. Non aspettatevi troppo dal sonno, o dall'anestesia. L'anestesia è utile per alleviare il dolore durante le operazioni chirurgiche, ma non per alleviare la sofferenza mentale. La sofferenza mentale è peggiore di quella fisica e noi dobbiamo liberarci di qualsiasi tipo di sofferenza.

Quando entrate nel letto, potete provare a creare una determinata atmosfera mentale. Dopo i piaceri del mondo, è giusto godersi anche i piaceri del sonno. Quando manca il sonno, tutti gli altri piaceri non hanno alcun valore. Il sonno è il piacere più elevato.

Un giorno Mahatma Gandhi disse: "Prima di andare a dormire, ogni sera, mi occupo di due cose: preghiera e pentimento".

Io dissi: "Il pentimento è una brutta cosa".

Il Mahatma replicò: "Aspetta. Lascia che ti spieghi cosa intendo. La preghiera e il pentimento purificano il cammino dell'anima e conducono alla meta. A chi ti rivolgi, quando preghi? Non a Dio, né al sole, alla luna, o alle stelle. Tu preghi te stesso, la parte più sottile di te stesso, infatti, purifichi la mente inferiore, rendendola consapevole della tua natura superiore. In realtà tu preghi la tua natura superiore".

"E il pentimento?"

"Prima che di iniziare a pregare, la mente dice: *Ho fatto questo e quest'altro. Oggi non sono in grado di pregare.* Il pentimento viene prima; la preghiera segue".

Gandhi intendeva un tipo specifico di pentimento. Se si continua a dire a se stessi: *Ho fatto questo, ho fatto quest'altro*, si rischia di indebolire se stessi. Pentimento significa semplicemente "non ripetere". Se si è compiuta un'azione che la coscienza disapprova, si decide semplicemente di non farla più. Il procedimento è simile a quello della confessione cattolica. Si decide di portare in superficie le debolezze per poterle affrontare. Il terapeuta si comporta in modo analogo. Tramite l'autoanalisi si può farlo anche da soli. Prima di andare a letto, si chiede al contabile interiore di mostrare l'estratto conto. Poiché non ha paura, il contabile interiore mostrerà quanto richiesto. Per porre questa domanda non si può essere pusillanimi, quando si sa di non aver compiuto il proprio dovere, o di non aver agito secondo le proprie convinzioni. Presto o tardi, si dovrà affrontare ogni cosa. *Ok, da domani non ripeterò l'errore. Anche solo per un giorno, voglio provare a farlo.* Questa è una decisione che potete prendere. *Lo farò. Posso farlo. Voglio farlo. Lo faccio.* Questa decisione renderà più salda la determinazione. I bambini che temono il buio, che non vogliono uscire di casa perché hanno paura di giocare con altri bambini; la donna che teme l'atteggiamento indifferente del marito; l'uomo che teme le lamentele della moglie – tutti possono migliorare la propria vita praticando la determinazione.

È molto importante saper prendere una decisione risoluta.

L'intento risoluto, rivolto in una sola direzione, costruisce la forza di volontà. Quando prendete una decisione, tutti gli aspetti della mente si raccolgono in un solo punto e creano la forza di volontà. Se la mente non è concentrata, ma indolente, non è possibile avere forza di volontà. Si deve decidere proprio prima di andare a letto di non voler compiere azioni che non si approvano: *Domani non farò questa cosa*. La parte della mente che ha motivato a compiere una determinata azione, si farà sentire: *Ma è bello. Per quale ragione mi dici di non farlo?* E si prosegue ancora più determinati: *Non lo farò!* Quando si va a letto, si deve ripetere il procedimento per fortificare la forza di volontà, il *sankalpa-shakti*. Si decide con fermezza di non compiere le azioni che non si approvano. *Domani non lo farò. Non ripeterò l'errore. Domani farò tante cose di valore. Non nuocerò a nessuno, nemmeno a me stesso. Eviterò di dire bugie inutili che indeboliscono la mia forza di volontà.*

Se tuttavia accade di ripetere l'errore, perdonate voi stessi. Se il mondo intero vi perdona, ma voi non perdonate voi stessi, sarete costantemente tesi. Forse metterete il piede in fallo ancora, ma non dovrete arrendervi. Talvolta, il fallimento è il pilastro del successo. Pregate: *Signore che esiste al di là del corpo, dei sensi e della mente, tu mi conosci. Signore della mia vita, tu vedi tutti i miei pensieri e tutte le mie azioni. Donami la forza e l'energia per adempiere la missione della vita, affinché io possa attraversare questo viaggio senza interferenze, senza ferire o danneggiare nessuno*. In questo modo, entrate in contatto diretto con la fonte della coscienza, e diventate forti. La forza muscolare è insignificante paragonata alla forza mentale, e la forza dell'Atman è immensa! Chi dipende dalla forza dell'Atman è grande.

La seconda pratica raccomandata da Gandhi è la preghiera. Egli diceva: "Ciascuno di noi dovrebbe sapere di essere un tempio vivente, perché l'Infinito dimora in noi. Io non sono grande; io sono soltanto un tempio. Proprio come il tempio è fatto di cemento e mattoni, così il mio corpo è costituito dai cinque elementi, i cinque *tattwa*. Il Signore dimora in me". Se riuscirete a ricordare questa verità, non avrete più paura e non avrete più incubi, anzi dormirete molto profondamente e vi sveglierete rigenerati.

Il primo passo è quello del pentimento; il secondo è quello di saper pregare e contemplare il Signore della vita: *Egli è ovunque, quindi è anche in me. Non si può negare. È possibile affermare che Colui che dimora ovunque, che è il più grande degli esseri, non vive anche in me? Io sono forse più grande di Dio? No, non lo sono. Allora Egli è in me. Come può un essere tanto grande vivere in un corpo tanto piccolo? Ecco la bellezza. Egli è grande perché vive nel più piccolo e vive nel più grande.* Il saggio è consapevole di questa verità, ma l'uomo comune non lo è. Il conforto di questa contemplazione migliorerà la qualità del sonno.

L'ultima cosa da fare prima di andare a dormire dovrebbe essere un breve esercizio respiratorio[4].

Grazie a questa pratica gli incubi e i sogni inutili svaniranno, e il sonno sarà tranquillo e profondo. Siete abituati ad andare a letto perché sapete che è ora di dormire, indipendentemente dal fatto che abbiate sonno o meno. Ovviamente, voi non conoscete la tecnica per dormire profondamente, ma volete dormire perché è tardi, e continuate a rigirarvi nel letto senza addormentarvi. Il partner forse sta già dormendo, e per rispetto non volete accendere la luce. Prima di andare a dormire, provate a fare un esercizio di respirazione. È sempre meglio che stare svegli a guardare il soffitto, con la mente attiva che vaga e tende a diventare negativa. La consapevolezza del respiro è sempre positiva. Questo esercizio si pratica prima di dormire, dopo il pentimento e la preghiera.

Quando andate a dormire, evitate di portarvi dietro il peso delle

4 Vedi Appendice B, Esercizio per il Sonno.

preoccupazioni, torturandovi inutilmente. Non maledite il partner, pensando: *Non torna mai a casa in orario. Non ha tempo per me perché è molto impegnato. Ho commesso un errore sposando quest'uomo.* Se andate a dormire con questo peso sul cuore, farete sicuramente dei sogni molto brutti, e la mattina vi sentirete come se qualcuno vi avesse bastonato.

Non nutrite aspettative eccessive: i doveri devono essere affrontati molto seriamente, ma la vita va presa con leggerezza. Divertitevi! Quando andate a letto portandovi appresso le preoccupazioni, pensate forse che il sonno possa risolvere i vostri problemi? Non è questo il compito del sonno. Lo sapete che, quando si è preoccupati, il peso del corpo diminuisce? La persona che non ha preoccupazioni pesa di più. Non si dovrebbe andare a dormire con il peso delle preoccupazioni, che consumano ogni energia, affievolendo ogni capacità, vitalità, comprensione e anche la memoria. Si deve impartire alle preoccupazioni l'ordine di tornare a trovarvi la mattina seguente e dire loro di non venire a letto con voi, e di non turbare il vostro sonno. La preoccupazione è una malattia acquisita. Avete trascorso una vita intera a preoccuparvi, eppure siete ancora vivi. Osservando il passato, scoprirete che è pieno di preoccupazioni, eppure siete ancora vivi e vegeti. Forti di questa esperienza, chiedete a voi stessi di non lasciarvi influenzare dalle preoccupazioni. Le preoccupazioni consumano l'energia: è come tenere un'autovettura in moto senza farla marciare. La mente è attraversata dal processo del pensiero, ma voi non progredite. Alcune persone sono attaccate alle proprie preoccupazioni, perché credono che senza preoccupazioni la vita non valga la pena di essere vissuta.

Il controllo della mente non procura inerzia e assenza di desideri; rende più creativi, equilibrati ed esperti. Il controllo della mente non può impedirvi di preoccuparvi, ma può aiutare a modificare le preoccupazioni. Nessuno può affermare di non avere preoccupazioni, tuttavia alcuni di voi potrebbero obiettare: "Sì, io ho alcune preoccupazioni, ma non permetto che influenzino la mia vita". Se siete preoccupati, non vi godete niente della vita. Non potete godervi né il sonno, né il rapporto sessuale, né il cibo. Imparate a godervi la vita non lasciandovi sfiorare dalle preoccupazioni. Quando volete fare qualcosa, agite subito: pensare continuamente a ciò che volete fare è una brutta abitudine e dato che l'ipertensione è un sottoprodotto delle preoccupazioni, non fatele entrare in camera da letto.

Se andate a dormire con la mente inquieta, il sonno non vi rienergizzerà e se iniziate a litigare non appena vi mettete a tavola, per quanto appetitoso possa essere il cibo, si trasformerà in veleno. Un'attività sessuale motivata da pressioni relazionali non può essere fonte di piacere perché una mente turbata produce alterazioni nella biochimica del corpo. È molto importante mangiare in allegria, dormire in allegria e avere dei rapporti sessuali in allegria.

Poche persone conoscono cosa significhi realmente il rapporto sessuale. Ha molti aspetti: esiste il sesso come atto, come parte dell'amore, come lussuria e come necessità. Questo è un argomento di cui non si parla, né ci si sforza di comprendere a fondo. Si può vivere tranquillamente anche senza sesso, tuttavia la repressione sessuale non è mai auspicabile. Non si ottiene il controllo delle pulsioni astenendosi dall'attività sessuale. Per quale motivo attribuite tanta importanza all'atto sessuale? Il sesso crea un'impressione molto forte nella mente perché voi stessi attribuite ai rapporti sessuali un gran valore, invece non dovreste dare troppa importanza al sesso, né essere troppo sfrenati nell'attività sessuale. Il sesso è una delle pulsioni primitive e, come tale, deve essere compresa e regolata. Il sesso incontrollato può essere un ostacolo. Questo non significa che bisogna diventare fanatici, o imporsi l'astinenza sessuale perché, cosi facendo, vi trovereste a pensare al sesso in continuazione. La natura controlla la vita sessuale degli animali, ma non quella degli esseri umani, perché gli uomini sono più evoluti in quanto hanno una mente, e possono capire cosa fare e cosa non fare.

Gli esseri umani dovrebbero accettare e rispettare l'atto sessuale come un'espressione dell'amore. Tuttavia, la totalità dell'espressione amorosa non è limitata al sesso. Il sesso è soltanto una parte dell'espressione di quell'amore fondato sull'uguaglianza, è il partecipare a un atto che conforta entrambi i partner. Se non è confortevole, significa che manca la comprensione e se questa manca, significa che non c'è amore. Il sesso senza amore è una forma di masturbazione. Il sesso senza amore è stressante, e può essere causa di innumerevoli problemi. Se uno ha dei rapporti sessuali con tutte le persone che incontra, e sviluppa l'abitudine di saltare da un partner all'altro, non riuscirà più a fermarsi e poi si ammalerà, perché la mente ne risente. Forse uno pensa di divertirsi, di accrescere il proprio bagaglio di esperienze, ma questo tipo di esperienza può causare soltanto malattie. Se non si conosce il significato dei termini sublimare, dominare e controllare, è meglio avere un solo partner con cui avere dei rapporti, e cercare di adattarsi e capire la situazione. Può accadere che un ragazzo e una ragazza siano trascinati dalla folle idea che, nella vita, l'unica esperienza importante sia quella del sesso, invece questa pulsione può e deve essere disciplinata. Proprio come le rive disciplinano il corso di un fiume, così i due ragazzi possono capire che il matrimonio significa anche disciplina.

Gran parte dei matrimoni si sfascia a causa dell'incompatibilità sessuale. Molte donne tormentano i propri mariti con eccessive richieste sessuali. Altri uomini, invece, ne pretendono una gran quantità pur non essendo competenti in materia. Presto o tardi, questo tipo di matrimonio fallisce, e diventa un problema per il mondo intero. Le donne dicono che gli uomini veri sono pochi. Gli uomini dicono che le donne sono frigide. Nessuno ha colpa. Ciò che è certo è che le due parti non si capiscono. L'uomo considera la moglie alla stregua di una parte dell'arredamento, e crede di poterla usare come e quando vuole. Spesso il rapporto è sconsiderato, perché egli lo consuma velocemente, lasciando la moglie frustrata. Questo tipo di comportamento è molto scorretto. Comunicare è indispensabile.

Quando la coppia non trova un accordo nella vita sessuale, il matrimonio fallisce. Troppi matrimoni sono dominati da pretese esagerate, e da scarsa comprensione dei sentimenti dell'altro, perché ciascuno vuole mantenere il proprio punto di vista. La scelta migliore consiste nel creare un ponte tra le due parti costituito da molta comprensione. Ciascun partner dovrebbe capire le emozioni dell'altro. Se nell'amore non regna la comprensione, il matrimonio diventa una tortura per la quale non esistono né medicine né cure. Esistono poche persone che sanno veramente qualcosa in merito al sesso. L'attitudine corretta dovrebbe essere quella di dare, non quella di prendere. Il sesso diventa un'esperienza edificante, ma se entrambi i partner vogliono solo prendere, chi si occuperà di dare? In questo modo ambedue i partner si troveranno insoddisfatti. L'arte dell'erotismo non è ancora veramente nota, e questo è uno dei più grandi problemi del mondo; eppure tutti continuano a fare l'amore, anzi la mente collettiva è concentrata unicamente sul sesso.

Vi prego di non fraintendermi: io non sto condannando il sesso. Il punto non è avere dei rapporti sessuali o no. Io non vi direi mai di non fare sesso. E anche se ve lo dicessi, voi non mi dareste ascolto. Non sto dicendo che dovete andare a vivere in un monastero, o che dovete abbandonare la vita sessuale. Sto semplicemente dicendo che fare sesso senza controllo e senza la giusta comprensione di ciò che fate è malsano.

L'arte dell'attività sessuale può essere appresa studiando i campi energetici, le forze vitali sottili, i bioritmi. Prima di mangiare, o prima di impegnarsi in un'attività sessuale, è opportuno attivare la narice destra. È possibile farlo nell'arco di pochi secondi. Questo aspetto pratico può rivelarsi molto importante. Non dovete mai costringervi a praticare un'attività sessuale indesiderata. L'uomo motivato dalla vanità crede di poter dimostrare di essere maschio praticando la sua vita sessuale in modo casuale e promiscuo. Teoricamente, per un uomo è possibile rendere madri un milione di donne, ma allo stesso tempo, cinque uomini non sono in grado di soddisfare una sola donna. La disparità è evidente. Al fine di evitare di produrre frustrazione e delusioni, l'uomo dovrebbe conoscere perfettamente l'arte di un sano e soddisfacente atto sessuale anche perché, se non sarà in grado di soddisfare pienamente la sua partner, si sentirà insoddisfatto. D'altro canto, la donna non vuole che il partner si senta complessato, e talvolta decide di fingere il proprio piacere. La finzione è dannosa, come lo è la masturbazione nell'ambito di un'attività sessuale. La dinamica è semplice: quando l'uomo è attivo, la donna è passiva; quando la donna è attiva, l'uomo è passivo.

Non è raccomandabile impegnarsi in un rapporto sessuale subito dopo un abbondante pasto. Questo tipo di sesso è dannoso. Col trascorrere del tempo crea squilibri, specialmente a livello epatico. Inoltre può infiammare l'appendice. Tra il pasto e l'attività sessuale dovrebbe trascorrere un intervallo di almeno quattro ore.

Il sesso non dovrebbe essere praticato nelle prime ore della notte. Il momento migliore per il sesso è tra le tre e le quattro del mattino, quando si è fisicamente riposati e rilassati, e il cibo è stato ben digerito. Il sesso praticato nel momento sbagliato procura malesseri e malattie.

Due persone che convivono non dovrebbero interagire unicamente a livello fisico. Il rapporto armonioso è sempre fondato sul pensiero, perché è il pensiero che motiva l'azione. Quando due persone pensano in modo simile, la loro convivenza è felice. A fasi alterne, potranno vivere momenti di intesa e momenti di contrasto, ma ai fini della convivenza non si può essere sempre in disaccordo. In verità, è indispensabile che marito e moglie siano sempre d'accordo, in ogni sfera dell'esistenza, negli obiettivi mondani e in quelli esistenziali. I partner dovrebbero cercare di capire la ragione che li porta a vivere insieme, individuando i bisogni reciproci. Sarà opportuno stabilire alcuni obiettivi concreti, evitando di vivere di fantasia e di coltivare inesauribili necessità mondane. I coniugi devono avere uno scopo nella vita. Due persone che s'incontrano e decidono di vivere insieme, non potranno essere felici se non comprendendo il loro posto nel mondo e il fine ultimo dell'esistenza. Dopo aver raggiunto gli obiettivi mondani, due persone che decidono di vivere insieme dovrebbero tentare di raggiungere lo scopo finale dell'esistenza: la Realtà Suprema. In tal caso, tutte le azioni compiute e tutti i beni posseduti potranno essere impiegati per il raggiungimento di tale obiettivo. Se non si conosce l'obiettivo finale dell'esistenza, la vita può rivelarsi un'esperienza assai difficile. La relazione tra marito e moglie non evolve unicamente a partire dall'intesa sessuale. L'affinità reciproca può crescere lentamente, e la comprensione dello scopo della vita è essenziale. Marito e moglie sapranno convivere in armonia dedicandosi alla vita spirituale. È la spiritualità che unisce la coppia.

Soltanto attraverso la via del *tantra*, che permette di diventare consapevoli delle due forze primordiali – il principio maschile e il principio femminile – il sesso può diventare uno strumento di liberazione. A questo punto l'atto sessuale si trasforma in un'azione che avviene non tra uomo e donna, ma tra due principi divini. Il *tantra* è un metodo che consente di trasformare l'atto sessuale in un gesto di adorazione, ma purtroppo è largamente frainteso. In Occidente, *tantra* è sinonimo di sesso, ma questa attribuzione di significato è errata. Il sesso non deve essere un ostacolo al progresso spirituale. Esistono numerose scritture dedicate a questo argomento. Il processo la cui comprensione è più difficile, e che si sperimenta come un ostacolo, può essere neutralizzato integrandolo nell'adorazione in modo che il medesimo ostacolo possa trasformarsi in un mezzo. Quando il sesso è parte dell'adorazione, non è più sinonimo di lussuria. In questo tipo di studio piuttosto evoluto, moglie e marito non si considerano più donna e uomo, ma si rispettano reciprocamente come principio femminile e maschile. Nessuno dei due è superiore o inferiore.

È importante studiare e comprendere la pulsione sessuale. Cibo e sesso sono due necessità biologiche essenziali. Il cibo è innanzitutto una necessità del corpo. Anche il sesso è una necessità biologica, ma risiede nella mente. Non è possibile impegnarsi in un'attività sessuale se non la si è prima concepita nella mente. Il sonno è una necessità del corpo e anche della mente. Il cibo influenza prima il corpo, e poi la mente. Il sonno influenza prima la mente, e poi il corpo, come il sesso. Supponiamo che siate andati a dormire e abbiate sognato di aver avuto un rapporto sessuale. Subito dopo il risveglio, non sarete in grado di impegnarvi in un'attività sessuale, ma se sognate di aver mangiato un manicaretto molto buono, al risveglio non vi sentirete appagati: sarete ancora affamati! L'origine del secondo sogno è il cibo e quella del primo è il sesso. Se avete sognato di avere un rapporto, subito dopo il risveglio non sarete in grado di impegnarvi in un altro rapporto sessuale, perché sarete già stati soddisfatti dal sogno. Prendiamo, come esempio, una persona che ha fame, e che sogna di mangiare. Se, quando si sveglia, le offrite del cibo, lei lo mangerà perché avrà ancora appetito. La pulsione per il cibo si muove dal corpo verso la mente e quella sessuale si muove dalla mente verso il corpo, attraverso le emozioni. La prima pulsione scorre dall'esterno verso l'interno; la seconda dall'interno verso l'esterno. I due sogni hanno origini ben diverse. Cercando di comprendere queste due origini, potrete facilmente imparare a interpretare i sogni. Lo studio dell'interpretazione dei sogni può essere molto utile, ma non senza aver compreso l'origine delle emozioni.

La pulsione sessuale è molto potente perché coinvolge due persone. Tuttavia, la pulsione più potente non è il sesso. Di fronte alla scelta tra la vita e la morte, tutti voi sceglierete di proteggervi dalla morte, piuttosto che indulgere in un atto sessuale: la pulsione più potente è l'istinto di conservazione. Se non riuscite a comprendere l'origine delle paure, sappiate che ogni tipo di paura proviene dall'istinto di conservazione. La pressione delle paure impedisce di godere la vita. Talvolta, questa pressione è tale che le reazioni divengono esagerate, e possono portare a sfiorare la pazzia. Consciamente o meno, state cercando di proteggere voi stessi da qualche minaccia. Questa pulsione primitiva orienta la mente in modo egocentrico. Poiché siete insicuri e timorosi, non vi interessa se gli altri vivono o muoiono: ignorate il prossimo e vi concentrate esclusivamente su voi stessi. Provate a porvi questa domanda: *Di cosa ho paura?*

Tutti i tipi di paure rientrano in due categorie: non avete fiducia di riuscire a ottenere ciò che desiderate, oppure avete paura di perdere ciò che avete. La paura vi spinge a cercare di proteggere voi stessi senza prendere coscienza delle vostre azioni. Tutte le paure si chiamano: *Potrei perdere qualcosa. Potrei perdere il mio corpo. Potrei morire. Potrei non ottenere ciò che desidero. Cosa mi accadrà? E domani, che ne sarà di me? Cosa accadrà tra due anni? Cosa accadrà quando sarò vecchio? E se diventassi pazzo? L'abitudine vi spinge a identificarvi con il peggio che avete conosciuto. Che ne sarà di me, se avrò un incidente? Che ne sarà di me, se divorzierò da mia moglie? Che ne sarà di me, se non riuscirò nel lavoro? Che ne sarà di me, se l'economia della mia nazione andrà a rotoli? Che ne sarà di me, se il mondo intero andrà in frantumi? Che ne sarà di me, se morirò?* Non appena ottenete ciò che desiderate, iniziate subito a temere di perderlo, perché credete di non meritarlo, e cominciate a coltivare pensieri negativi. Per quale ragione non dite mai a voi stessi: *Che ne sarà di me, se sarò in buona salute? Che ne sarà di me, se diventerò ricco? Che ne sarà di me, se sarò generoso?* Per quale ragione non pensate in questi termini? Paure, paure, e ancora paure. La paura esiste a causa dell'istinto di conservazione. Mangiate a causa dell'istinto di conservazione, ma non è il medesimo istinto che vi spinge a fare sesso. Questo è un istinto totalmente diverso. Anche il sonno non è dettato dall'istinto di conservazione. È un altro tipo di pulsione.

È molto pericoloso coltivare perennemente una paura senza mai esaminarla. Non dimenticatevi mai che la paura invita il pericolo. Quando temete qualcosa, non capite che state meditando negativamente su quella cosa, e che state attraendo quella paura. Spesso voi pensate: *E se avessi un incidente? E se avessi un incidente?* In tal modo, vi state preparando all'incidente, e lo avrete.

—•—•—•—

Voglio raccontarvi un episodio accaduto mentre mi bagnavo nelle acque del Gange. Dopo il bagno, mi ero diretto verso la riva e, seduto su una roccia, avevo iniziato a lavarmi, osservando il cielo. Non mi ero accorto che, sotto di me, c'era un serpente attorcigliato alla roccia. Ogni volta che mi sedevo, il serpente si attorcigliava, e ogni volta che mi alzavo, il serpente si alzava. Qualcuno gridò: "Ehi! C'è un serpente sotto di te. Non ti muovere". Spaventato, mi spostai velocemente per allontanarmi, ma il serpente mi seguì e mi morse. In realtà, non fu il serpente a mordermi: fu la mia mente. La mia mente era tanto timorosa che aveva trascinato con sé il serpente, pensando che mi stesse inseguendo. Nel momento in cui mi ero voltato, avevo visto il serpente, e mi ero messo a correre.

Avevo paura dei serpenti e quindi avevo sviluppato un atteggiamento mentale che aveva reso la mia vita impossibile. Stavo malissimo. Era un problema molto serio. A quel tempo, avevo solo diciassette anni, ma avevo un seguito di migliaia di persone. Ogni volta che sedevo per meditare, prima di chiudere gli occhi mi guardavo intorno e istruivo gli altri a fare altrettanto. I miei studenti erano molto orgogliosi di avere un insegnante così attento. Addirittura, controllavo regolarmente il contenuto delle mie tasche. La paura dei serpenti era ormai tanto potente che non riuscivo a tenere aperta la finestra della camera in cui dormivo. Inoltre, avevo l'abitudine di sfilarmi la camicia e di sistemarla alla base della finestra, affinché non rimanesse nemmeno una fessura, e non dormivo senza aver prima rivoltato il letto e averne ispezionato ogni angolo.

Il mio Maestro un giorno commentò: "È inutile. Gli ho insegnato molte cose, ma non sono riuscito ad aiutarlo". Mi portò in un luogo prescelto e mi disse: "Domattina presto, alle tre, daremo inizio a una particolare cerimonia che sarà molto utile per te".

Io replicai: "E per te?"

Lui rispose: "Se aiuta te, aiuta anche me".

Terminammo la cerimonia che in india chiamiamo *puja*, e i fiori utilizzati furono raccolti in un angolo, a formare un mucchietto. La mattina seguente, il Maestro disse: "Il mucchietto di fiori non ha un bell'aspetto. Portalo via".

Quando andai a raccogliere i fiori, dal cumulo saltò fuori un cobra. Io esclamai: "Dio mio!"

Il Maestro disse: "Portalo qui". Era a soli dieci passi da me.

Io gli feci presente: "È un serpente".

Il mio Maestro disse: "E allora? Io sono qui. Non ti lascerò morire. Devi scegliere se rispettare la tua paura o rispettare me".

Il serpente era così vicino al mio viso che, una mossa veloce, e Swami Rama sarebbe morto.

Il mio Maestro ripeté: "Portamelo qui".

Io gli portai il serpente e lui mi disse: “Toccalo leggermente”.

Io scossi la testa: “Impossibile”. Quando avevo paura di una cosa, la odiavo.

Egli proseguì: “Forza, toccalo”.

“Impossibile”.

“Devo forse ordinarti di toccarlo? Non ti accadrà nulla. Mi assumo io la responsabilità. Questo è il momento giusto per liberarti della paura che tu stesso hai creato nella tua mente. Così non va bene, figlio mio. Io sono qui. Che può farti, quella creatura? Ha bisogno del tuo amore”.
Iniziai a muovere la mano, e il serpente ruotò il cappuccio. Il Maestro disse: “Forza, non è nulla. Prendilo in mano e portalo qui”. Io lasciai cadere i fiori, sostenendo il serpente a una certa distanza.

Egli disse: “Siediti. Posalo sulle tue ginocchia”. Io mi inginocchiai di fronte al Maestro e sistemai il serpente. Poiché avevo ancora paura, il mio Maestro mi spiegò:

“Il dito della tua mano è molto potente e se decidi di usarlo contro te stesso, potrebbe perfino accecarti. I tuoi denti sono così potenti che potrebbero tagliarti anche la lingua. Il tuo pugno è talmente forte che potrebbe colpire la tua mascella tanto è forte. Qual è la ragione per cui non ti colpiscono?”

Io risposi: “Perché tutte le mie membra appartengono a un unico corpo”.

A questo punto mi chiese: "Allora non sai che tutte le creature sono parte di un unico Dio?"

La paura scomparve totalmente e da quel giorno iniziai a raccogliere serpenti e a mettermeli in tasca. "Un altro estremo!", mi redarguì il mio Maestro. "Non devi diventare un incantatore di serpenti!"

Nella città di Bombay esiste un luogo preposto all'estrazione del veleno dai cobra. In quel luogo è possibile vedere numerosi serpenti, immobili, disposti su grandi tavoli di vetro, pronti per l'estrazione del siero. A quel tempo, ero solito recarmi in quel luogo per sollevare i cobra, e la gente pensava che utilizzassi un *mantra* speciale. Io non ho *mantra* speciali. Semplicemente non ho paura. Ho capito che la mente è molto potente, e che possiamo attrarre persone negative o positive in accordo alla nostra attitudine; possiamo creare animosità in una determinata persona se continuiamo a pensare al nemico in modo negativo. Questo fenomeno può essere ancora più potente dell'espressione dell'amore.

Siamo noi stessi a creare i pericoli, nutrendo le nostre paure, e proiettandole costantemente. Non si deve avere paura. Gran parte delle paure si basano sull'immaginazione. Si immagina qualcosa, e si finisce per temere il frutto della nostra immaginazione, e anche se questo 'qualcosa' in realtà non esiste, la suggestione può manifestarlo: la paura invita ciò che temiamo, quindi è bene liberarsene. La mente crea la paura perché si identifica con l'oggetto della paura e continuare a nutrirla rimuginandoci sopra rende tristi e negativi, anzi può farci addirittura ammalare. In virtù del forte istinto di conservazione è possibile sviluppare insicurezza, meschinità e ottusità.

Anche se in realtà potremmo goderci la vita in qualsiasi circostanza, quando lo dimentichiamo, piombiamo nuovamente nei meandri di vecchi preconcetti e abitudini passate.

Le paure possono anche essere all'origine di un comportamento disonesto: infatti se non si ha paura, si sarà sempre onesti. Si ha paura di ciò che gli altri pensano e dicono di noi, ma questa è soltanto una faccia della stessa medaglia! È importante capire ciò che si pensa di noi stessi e quello che si è capito riguardo a noi stessi. Soltanto coltivando la fiducia in noi stessi potremo fidarci degli altri. Se si incontra un cane pastore tedesco, e si ha paura, lui se ne accorgerà e cercherà di morderci, ma se non si ha paura, non ci toccherà nemmeno.

—•—•—•—

Quando vivevo nel piccolo rifugio himalayano di Bhawali il mio vicino di casa era un generale britannico che aveva una coppia di alani. A quel tempo, seguivo una determinata pratica che mi permetteva di scoprire la sottile fragranza nascosta nell'aria. A tal proposito, avevo bisogno di fiori freschi, e ogni giorno mi recavo al rifugio per coglierne alcuni. Avevo solo tredici anni, e non capivo che stavo intromettendomi in un giardino privato. Una mattina, mentre coglievo i fiori per la mia *puja*, il generale mi ammonì: "Ehi, giovane *swami*! Questo è il mio giardino. Non attraversare il confine. I miei due cani feroci potrebbero ucciderti, e io non ne sarei responsabile. Se entri ancora, informerò la polizia e ti farò arrestare".

Io replicai: "Non vi preoccupate dei cani, io so come trattarli. Per favore, lasciatemi cogliere i fiori".

Il generale informò la polizia che, ogni giorno, un giovane

swami entrava nel suo giardino, coglieva alcuni fiori e se ne andava. Gli agenti di polizia si dimostrarono assai gentili. Mi sorrisero e se ne andarono. La mattina successiva, il generale decise di sguinzagliare i cani. Non appena mi videro, i due alani iniziarono ad abbaiare e a corrermi incontro. Io mi fermai e, immobile, dissi loro: "Non siate così. Che vi ho fatto? Sto semplicemente cogliendo alcuni fiori. Volete forse ubbidire a uno sciocco padrone?"

All'improvviso, i cani si fermarono. Io sussurrai qualcosa e iniziai ad accarezzarli, mostrando il mio rispetto. I cani si misero a cuccia, tranquilli, e io potei cogliere i miei fiori.

Da quel momento in poi, quando il padrone li chiamava, gli alani non ubbidivano più. Feci notare al generale che i suoi cani avevano smesso di abbaiare spontaneamente. Il giorno successivo fui raggiunto da una denuncia del valore di 25.000 rupie, in cui ero accusato di essere uno stregone che aveva ipnotizzato i cani, rendendoli inoffensivi e inutili. In verità io non avevo impiegato l'ipnosi. Forse avevo praticato una forma di ipnosi indiretta, ma non ne ero consapevole.

Una sera, uno degli ufficiali di polizia venne a trovarmi e disse: "Tu stai creando un problema. Per cogliere i tuoi fiori, tu violi un confine e infrangi la legge. Lo sai".

Io replicai: "Sì, lo so, ma voglio anche dare una lezione a quest'uomo che è troppo altezzoso e nuoce a tante persone. Ogni giorno, egli consegna alla polizia un rapporto negativo su qualcuno; è un tormento per tutti. Io sono la persona giusta per farlo tornare sulla retta via".

Fui costretto a comparire in tribunale. Il giudice disse:

“*Swami*, hai ipnotizzato i cani?”

Io risposi: “Io non so ipnotizzare i cani e non conosco l’ipnosi. Confesso di essere colpevole di aver colto alcuni fiori, e se volete farmi una multa, la pagherò”.
Il giudice, che mi conosceva, chiuse il caso.

Nella vita, io seguo un’unica regola. Si chiama fiducia in se stessi. Questa fiducia non è fondata sull’ego, né sulla ricchezza, sulla famiglia, o sugli amici. La fiducia proviene dall’interno. In qualsiasi azione, cercate sempre di agire con fiducia. Si arriva ad avere fiducia in se stessi diventando consapevoli del Sé immortale interiore. Io non ho fiducia in me stesso per quanto riguarda il mio corpo, i miei sensi, o la mia mente. Io ho fiducia nel mio Atman, nella mia anima, e nell’anima cosmica. La fiducia si manifesta quando si va alla fonte, che corrisponde alla parte immortale dell’essere. Ciò che non vive di esistenza propria non può conferire la fiducia in se stessi. Quando si conosce la parte immortale, finalmente si acquisisce fiducia e questa aumenta proporzionalmente alla consapevolezza della Realtà interiore. Se non si è consapevoli della propria Realtà interiore, si vive nel buio della non-conoscenza. Fiducia in se stessi significa avere fiducia nel vero Sé di ogni essere vivente, la fonte stessa della vita e della luce interiore.

Molti di voi hanno timore di esaminare le paure che, essendo diventate troppo frequenti, si sono trasformate in normalissime sensazioni abitudinarie e quindi parte integrante della vostra vita. Questa è la ragione per cui non le volete esaminare e, a loro volta, le paure si sviluppano perché non le prendete in esame. Abbiate il coraggio di analizzare le vostre paure: non dovreste cercare di sfuggirle. Tutte le volte che tentate di sfuggire alla realtà, provate un senso di angoscia, la paura aumenta e crea ulteriore insicurezza. Quando non vi sentite sicuri, vi isolate e questo porta a innalzare dei muri intorno a voi, e non comunicate più con nessuno. La paura può arrivare a creare una forma di insicurezza permanente che si trasforma in patologia. Se prendete in esame la vostra vita, scoprirete che è la paura a ostacolare il progresso, allontanandovi dalla gioia e creando barriere inutili.

Per quale ragione vi siete sposati? Temete forse la solitudine o siete talmente insicuri che cercate di appoggiarvi alla spalla di qualcuno? Il timore dell'abbandono da parte del partner vi spinge a desiderare dei figli e poiché il partner non è stato in grado di darvi sicurezza, credete che i figli saranno in grado di farlo. Dopo i figli, vi troverete a confidare nei nipoti e, infine, scoprirete che nessuno è capace di darvi alcun senso di sicurezza. Il fattore fondamentale è essere liberi dalla paura.

Come ci si libera dalle paure in modo definitivo? Affrontandole una per una, e dopo averle esaminate attentamente, realizzando che la maggior parte di esse non è autentica. Allorché le prendete in esame, scoprite che non sono reali. Non prenderle in esame equivale a consentire loro di svilupparsi ulteriormente. Sarebbe meglio non ingigantire le paure, però se non si è capaci di esaminarle da soli, è opportuno rivolgersi a qualcuno in grado di aiutare, perché si deve saperle affrontare in modo diretto: ignorandole, aumentano di numero e non si fa che diffonderne i semi. Più tempo si dedica all'analisi interiore, più facile sarà comprendere se stessi, e più quelle paure, generate con le proprie fantasie, saranno eliminate.

Forse potreste arrivare a rinunciare a una casa e agli oggetti di valore a cui tenete, ma la paura più grande rimane quella di dover rinunciare al corpo. Il timore di perdere il proprio corpo deriva dall'istinto di conservazione. La morte è un mistero, perché nessuna mente umana è mai stata in grado di spiegarla. Il momento in cui riuscirete a definire la morte in modo soddisfacente, vi libererete per sempre dalla paura della morte. La morte si presenta una volta soltanto, in questa vita: si nasce e si muore una volta sola, tuttavia la paura di morire accompagna ogni essere vivente, limitando la possibilità di vivere serenamente il presente. Questo spreco energetico non fa che nutrire la paura stessa e perciò non è utile al progresso spirituale. La morte è una parte della vita; la vita non è una parte della morte. La morte è un'abitudine del corpo e chi nasce deve inevitabilmente anche morire. Vi dimenticate che la nascita in questo mondo offre una vita di durata molto breve; in realtà questa vita è una delle innumerevoli soste dell'eterno viaggio dell'esistenza. Tutte le volte che ci dimentichiamo che la vita è semplicemente una sosta, e ci ostiniamo a ripetere *questo è mio, questo è mio*, diventiamo i creatori della nostra infelicità.

Vorreste essere felici, ma continuate ad avere problemi, senza rendervi conto di essere stati voi a crearli. Non avete ancora compreso la correlazione che intercorre tra il mondo esterno e quello interiore dato che ancora non siete capaci di creare un ponte utile a comprendere ciò che vi circonda. Gli oggetti esterni influenzano il vostro mondo interiore a tal punto da spaventarvi. Anche se intrattenete molti rapporti sociali, sorridete spesso affermando di essere molto felici, interiormente siete codardi perché permettete a mille timori e paure di incatenarvi.

—•—•—•—

> Chiunque abbia vissuto sull'Himalaya ha dovuto imparare a liberarsi di ogni paura, perché è stato costretto ad affrontare molte calamità naturali. Da giovane, ho vissuto nei pressi di Uttarkashi, vicino ai picchi innevati dell'Himalaya. A quel tempo abitavo in un luogo tranquillo, distante circa sei chilometri da questa città, e la gente del luogo pensava che l'eremita delle montagne

fosse un grande *yogi*. Se si vive in solitudine, la gente pensa che si sia persone di grande valore, ma esistono molti finti saggi che ricorrono a questo trucco per ottenere fama e prestigio. Non è stato il mio caso, perché sono sempre stato educato alla quiete della solitudine. Molti imparano a entrare in uno stato di calma interiore per potersi isolare dalla folla e alcuni in realtà scelgono degli eremi perché non sono in grado di gestire la propria esistenza nel mondo. Allontanarsi dal mondo per cercare la solitudine non è necessariamente un atto positivo. Se non si segue un metodo preciso, se non si ha un obiettivo, la solitudine può rovinare la vita.

Tre *swami* provenienti dalle pianure avevano sentito parlare di me e, per la prima volta nella loro vita, avevano deciso di scalare le montagne. Tra gli *swami* delle pianure e quelli delle montagne c'è una grossa differenza: gli *swami* delle montagne sono molto poveri, anzi non possiedono nulla e non sono neppure interessati a possedere qualcosa perché non vogliono che la loro pace sia turbata. Al contrario, gli *swami* delle pianure sono esattamente come mi vedete oggi – in altre parole, indossano abiti eleganti e costosi. Quando si vive tra le montagne, l'aspetto esteriore non ha più importanza, non ti tagli più la barba, perché non possiedi forbici, e non senti la necessità di raderti. Cucini per te stesso un unico pasto e, dopo averlo assaporato, ti dedichi a meditare, a scrivere e a vivere in contatto con la natura. Quando arrivarono al mio eremo, i tre *swami* dissero: "Signore, è la prima volta che veniamo qui. Potrebbe condurci a Gangotri?"

Io risposi: "Siamo nel mese di luglio; è la stagione delle piogge. Lungo il corso del Gange non troveremo che frane, slavine di fango e allagamenti".

In India, le stagioni sono tre: inverno, estate e stagione delle piogge. Quest'ultima, la stagione dei monsoni, è caratterizzata da pioggia torrenziale. Estate significa estate caldissima, e inverno significa inverno gelido. In India, non esistono vie di mezzo e nel mese di luglio piove a dirotto.

"Oh, hai paura?"

"Non sto pensando a me stesso. Sto pensando a voi; non vorrei che vi accadesse qualcosa".

"Ma come? Voi delle montagne pensate di essere superiori a noi che viviamo in pianura?"

"Gli abitanti delle montagne non vanno in escursione durante la stagione delle piogge. Questo è il periodo che chiamiamo *chaturmasy*, che significa restarsene negli eremi per tre o quattro mesi, senza viaggiare".

Gli *swami* non vollero ascoltare, e mi costrinsero a partire con loro. La natura è la maestra suprema. Poiché loro erano in tre, e io ero solo, li lasciai parlare: "Abbiamo bisogno di due pony".

Io replicai: "A quale scopo?"

E loro: "Cosa credi che mangeremo?"

Io risposi: "Se volete i pony, i pasti regolari e ogni tipo di assistenza, andate pure da soli. In mia compagnia non avrete bisogno di nulla. Mangeremo ciò che troveremo lungo il cammino – radici e verdure. Potete portare con voi le vettovaglie per un giorno, ma io non porto nulla per me stesso. Dovrete scalare le montagne, e se sarete carichi come muli, diventerà un viaggio faticoso. A quale scopo portarci dietro vettovaglie?"

Gli *swami* si organizzarono per procurarsi *ghee*, zucchero, *dahl* e riso. Io confermai: "Non porterò nulla".

E loro: "Allora non avrai nulla".

Io replicai: "Non ha importanza. Non voglio portare oggetti con me, oltre a un *kamandalu* (un apposito recipiente di metallo per l'acqua) e un bastone". A quei tempi, io ero solito indossare una coperta per ripararmi dal freddo. Così praticai un foro al centro della coperta e dissi: "Bene, ora possiamo partire".

Il primo giorno non accadde nulla. Gli *swami* cucinarono il loro pasto, come deciso. In realtà, agli *swami* non è consentito cucinare per se stessi perché, se sprecano tempo preparandosi da mangiare, finiscono per comportarsi come qualsiasi altra persona. Io feci presente: "Ascoltate, poiché sono uno *swami*, non mi è permesso toccare il fuoco, né di accostarmi alle fiamme. Cucinate voi. Se volete offrirmi qualcosa, io sarò ben lieto di accettarlo. Se non volete darmi nulla, non ha importanza". Gli *swami* furono mossi a compassione e anche se mangiavano per primi, mi lasciavano i loro avanzi. A me andava bene, ma feci presente: "Ricordatevi che dopo mangiato io non laverò i piatti e le pentole che avete usato".

Gli *swami* replicarono: "E se noi te li consegnassimo?"

Io risposi: "Li butterei nel Gange".

Ogni giorno, la nostra marcia si protraeva per quindici-venti chilometri. Il terzo giorno fummo costretti ad attraversare una strada che era stata ostruita da una frana e dovetti avvertirli: "Ascoltatemi, non mi sembra il caso di proseguire. Riproveremo nel pomeriggio. Chi vive sulle montagne sa che si cammina tra le tre e le sei del pomeriggio e non ci si mette in marcia né di mattina, né di sera".

"No. Noi vogliamo partire presto. Ogni giorno trovi una scusa diversa".

"Per quale ragione mi avete portato con voi se non volete darmi ascolto?"

"Oh, tu hai nuovamente paura?", chiesero.

Io risposi: "Ok. Come volete".

La natura mette sempre alla prova la nostra forza interiore. Presto trovammo sul nostro cammino una vera e propria valanga, e fummo costretti a fermarci. Alle nostre spalle si formò un'altra valanga che, bloccando il corso del Gange, andò a formare una diga. Lentamente, l'acqua iniziò a salire. I tre uomini mi guardarono infuriati. Io dissi: "Preghiamo Dio di non lasciarci patire la fame. Nient'altro".

Gli *swami* non potevano cucinare, perché lungo la strada non avevano trovato nulla di commestibile. A entrambi i lati del sentiero pareva cadessero migliaia di bombe, perché quando la valanga si stacca dalla montagna produce un boato tremendo. I tre uomini si misero a piangere. Io dissi loro: "Non è questa la prima volta che rimango bloccato lungo la strada. L'unica cosa da fare è essere pazienti e aspettare. Se dovremo vivere, vivremo".

I miei compagni erano impauriti. Uno di loro disse: "Ti uccideremo, prima di morire".

Io replicai: "Non l'ho voluto io, questo viaggio. Vi avevo detto di non intraprenderlo".

"Ma tu vivi nelle montagne, quindi devi essere potente. Tutti pensano che tu sia un grande *swami*. Cosa è accaduto alla tua santità? Non sei forse in grado di fermare tutto questo?"

Io risposi: "È la natura. Dovete essere pazienti".

I tre *swami* continuavano a piangere. Quando ha paura, l'uomo si trasforma nella più misera delle creature. Dimentica se stesso e Dio. Talvolta, mi capitava di sorridere, o di ridere della situazione, e loro si indignavano. Più di una volta li vidi afferrare sassi per colpirmi. Io dissi: "E se anche dovessimo morire? Ogni giorno muoiono milioni di vermi".

"Siamo forse vermi?", mi interrogarono.

Io risposi: "Sì, perché la vostra paura è uguale a quella dei vermi".

Quel giorno mi fu dato di scoprire che non è necessario abbracciare la via della rinuncia. È sufficiente essere ciò che si deve essere. Uno dei messaggi dei saggi himalayani è di essere impavidi. Se non si è liberi dalla paura, non ci si può godere la vita. È importante imparare a gioire di tutte le cose che si fanno, ogni singolo gesto può contenere infinito piacere, mentre se si ha paura, non se ne può gioire. Le religioni non insegnano queste verità, anzi in nome della religione alcuni predicatori seminano timori e paure nella mente dei devoti, alterando completamente gli insegnamenti originali. Non abbiate mai paura.

—•—•—•—

La paura proviene dall'ignoranza. Se riuscite a comprendere ciò che nella vostra vita è noto, ma anche ciò che è ignoto, se scoprite la relazione tra il corpo e la mente e in che rapporto sono con l'anima, scoprirete che il vostro centro non ha timori, anzi emana pace, felicità e beatitudine. Le paure salgono in superficie e raggiungono la mente, ma non vanno oltre. Allorché inizierete a ricevere segnali dalla parte ignota della vita, e sarete sempre più consapevoli del centro interiore da cui affiora la coscienza, la paura cesserà di esistere. Ignoranza e paura sono sinonimi. Se intendete scoprire il livello della vostra ignoranza, vivisezionate ogni vostra paura, portandola allo scoperto. Soltanto eliminando le paure potrete comprendere i misteri della vita, qui e ora. Non potrete eliminare le paure senza vivere nel momento presente: vivere senza paura significa vivere nella gioia perenne. Imparate, quindi, a saltare di gioia in gioia ogni giorno e per farlo dovrete, per prima cosa, acquisire una profonda conoscenza dell'essere.

Libertà dalla paura significa libertà dalla sofferenza. Chi consegue la libertà dalla paura, ha logicamente imparato a comandare le quattro fonti. Questo stato dell'essere non è conseguibile senza la giusta attitudine. Pertanto vi consiglio di coltivare la giusta attitudine mentre mangiate, mentre dormite, prima e durante l'atto sessuale, e anche nei confronti dell'istinto di conservazione. Anche se sapete come scegliere il cibo più sano, come riposarvi o come fare bene all'amore, compiendo questi atti motivati dalla paura, nella vostra vita non vi sarà gioia. Il tempo dell'esistenza terrena è di breve durata e non è giusto sprecarlo provando odio, rancore e pensieri negativi. Non dovete comportarvi come se il fardello del mondo pesasse solo sulle vostre spalle. Cercate, invece, di imparare a godere di ogni istante della vita. Persino chi possiede numerosi oggetti, spesso e volentieri non sa goderseli, mentre chi non ne possiede, sovente li desidera, e prega per averli, ma sono entrambi infelici. Possedere o non possedere qualcosa: non è questo il punto. Conoscere l'arte di essere felici è la vera vita. A questo scopo è necessario sviluppare l'atteggiamento giusto verso la vita, e in particolare nei confronti delle quattro pulsioni primitive: cibo, sonno, sesso e istinto di conservazione.

Esistono due modi per studiare e per praticare l'arte di vivere: uno è quello di seguire il percorso monastico, il sentiero della rinuncia, e l'altro è di percorrere il sentiero del mondo, in altre parole dell'azione. Questa è la strada della disciplina. Se riuscite a comprendere le quattro fonti primitive, scoprirete che la disciplina personale è molto importante. Tanto per cominciare, imparate a disciplinare le abitudini alimentari, quelle sessuali e quelle del sonno. Disciplinate voi stessi e cercate di non nutrire paure inutili. La disciplina vi aiuta a diventare consapevoli del vostro livello energetico e delle vostre reali capacità. La disciplina vi rende consapevoli degli strumenti, del potere, delle risorse e del potenziale che possedete. I comportamenti estremi, ovvero fare troppo o non fare nulla, non sono consentiti.

Vorrei darvi un consiglio. So che non lo accetterete, ma è mio dovere offrirvelo, perché sto descrivendo il sistema di Patanjali. Il mio consiglio è: non fate nulla che non sia nelle vostre capacità. Non sto dicendo di "non fare" qualcosa. La vita non è fatta per "non fare". Patanjali non ha mai suggerito di non fare qualcosa, ma ripete spesso di agire esercitando un controllo cosciente. È importante avere un controllo completo e distaccato. Se esteriormente vi comportate in modo consono alla spiritualità, però mantenete la mente concentrata solo sul sesso, l'alcool e sul divertirvi, questa è ipocrisia e quindi non è un atteggiamento corretto. In ogni caso, chi si comporta in questo modo soffre, e fa soffrire gli altri. Nel momento in cui capite di non dover compiere una determinata azione, non è corretto compierla. La cosa migliore è affrontare coscientemente una pulsione e cercare di capirla, ma non serve fuggire. Cercate di capire le vostre pulsioni, piuttosto che trasformarle in tabù. Tutti i tipi di pulsione dovrebbero essere analizzati e capiti. Sul sentiero dello yoga, è importante imparare a sublimare, a incanalare l'energia, a non lasciare che la mente scivoli nei meandri delle pulsioni. La disciplina è importante: *disciplina* significa "regolare gli appetiti, regolare se stessi", e *regolare* significa "trovare la propria capacità". Esistono molti tipi di yoga che insegnano a regolare gli appetiti. È meglio regolare, piuttosto che reprimere, o strafare, comportandosi in modo estremo. Regolando gli appetiti, e non essendone schiavi, si esercita il controllo. Voi siete responsabili di comportamenti che controllano la vostra vita. Questa è la differenza tra lo *yogi* e chi desidera solo godere i piaceri della vita, il cosiddetto *bhogi*. Il *bhogi* alla fine diventa sempre un *rogi*. *Rogi* significa "malato". Chi esercita il controllo degli appetiti invece è uno *yogi*.

Quando Patanjali parla della mente e delle sue modificazioni, include i pensieri, le emozioni e le forze primitive. Potrete progredire anche semplicemente studiando queste quattro forze. Esiste una tecnica che consente di imparare a dormire, così come esiste una tecnica per imparare a mangiare ma, in ogni caso, Patanjali non indica mai di non mangiare. Se qualcuno vi offre una pietanza squisita, potete forse affermare di non desiderare di assaggiarla? Può accadere che uno di voi non riesca a dormire; ma non può affermare di poter vivere senza dormire. Chi ha questo potere? *Ok. Oggi non dormo perché devo svolgere un lavoro importante. Dormirò dopo.*

Per quale motivo l'umanità è completamente controllata dal sesso? Siete capaci di astenervene? Astenersi dal sesso in modo cosciente significa sapersi auto-controllare.

Dato che le sorgenti dei flussi emozionali principali sono le quattro pulsioni primarie, senza comprenderle non è possibile analizzare le emozioni. Per prima cosa, è necessario scoprire il modo più adatto per regolare i vostri appetiti, e poi dovrete comprendere le emozioni, altrimenti il caos emozionale rischierà di controllare la vostra esistenza.

Capitolo 10

SIAMO CITTADINI DI DUE MONDI

Voi siete cittadini di due mondi: il mondo interno e quello esterno, ed è importante comprenderli entrambi. Un mondo corrisponde alla realtà, l'altro rappresenta la proiezione. L'uno è reale, l'altro sembra reale. Bisogna imparare a gettare un ponte tra i due mondi: non è possibile rimanere totalmente isolati dall'ambiente esterno, nel tentativo di raggiungere la felicità interiore, né si può dipendere esclusivamente dal mondo e dalla società. Se non siete soddisfatti e contenti né dentro di voi né a casa, non potrete esserlo nel mondo esterno. La felicità non arriverà perché cambiate casa o un'auto. Se non siete contenti di vivere nel mondo, non potrete esserlo nemmeno in un monastero: la vita monastica non deve essere intesa come una fuga dal mondo, ma una scelta. Se avete intenzioni veramente serie e siete pronti a lavorare su voi stessi, non siate pieni di ego e non crediate di sapere sempre tutto. Allo stesso tempo, non sarebbe giusto neppure che vi sentiste depressi pensando di non sapere nulla. Iniziate a lavorare su voi stessi e a studiarvi profondamente. Iniziate con lo studio della parte manifesta, e poi proseguite con la parte latente. Dopodiché potrete dedicarvi allo studio di ciò che si trova oltre il corpo e la mente. Talvolta, vi potrà capitare di voler studiare un buon libro perché ritenete che vi renderà più consapevoli dell'esistenza della realtà superiore, tuttavia il libro più interessante è il libro della vita. Tutti gli altri libri possono offrire barlumi di conoscenza, o essere fonte di ispirazione, ma la sorgente della conoscenza è unicamente interiore ed è solo questa che potrà dissetarvi. Per raggiungere questa sorgente è necessario superare molti ostacoli. Il primo è quello delle emozioni.

È importante conoscere e capire tanto il mondo interno quanto quello esterno. Il mondo interno è il mondo del pensiero e quello esterno è quello dell'espressione. Si esprime ciò che si pensa. Tra questi due mondi esiste una forza che si chiama "emozioni". Grazie allo studio del libro della vita, e di come operano le emozioni, i sentimenti e i pensieri, si scoprirà che le emozioni sono diverse dai sentimenti e che i sentimenti sono diversi dai pensieri. Si dovrebbe essere in grado di gestire l'esistenza su questi tre livelli. Pur essendo differenti dai processi cognitivi, le emozioni talvolta sono erroneamente accomunate al pensiero per mancanza di comprensione. Tutti pensano, e tutti hanno la facoltà di capire, però la comprensione non è più potente dei sentimenti o delle emozioni. Non è possibile provare emozioni senza sentimenti, né è possibile pensare senza sentimenti. Nel sonno il corpo è privo di sensi, e se qualcuno lo tocca, non si percepirà quel tocco, né si riconoscerà l'identità di chi lo sta toccando. I pensieri sono importanti, ma hanno altrettanto peso anche le emozioni e i sentimenti. È necessario avere le idee chiare a proposito delle proprie emozioni, dei sentimenti e del processo cognitivo.

L'emozione è un soggetto molto delicato. Il corpo emozionale è perennemente in tumulto, come un pesce nell'oceano della vita. Indipendentemente dal proprio livello di educazione, è molto difficile controllare le emozioni, ma è possibile controllare il corpo emozionale e incanalare le emozioni affinché queste divengano utili? Se desiderate analizzare le emozioni, per aiutare voi stessi e gli altri, è importante comprendere la sorgente delle emozioni, dei sentimenti, e del processo cognitivo.

Esistono due tipi di emozioni: le emozioni provenienti dalle sorgenti primitive, e quelle provenienti dal mondo esterno delle sensazioni. La mente conscia riceve un flusso costante di sensazioni che raggiungono dapprima il cervello e la mente conscia, e poi arrivano alla mente inconscia. Le sensazioni ricevute dagli oggetti del mondo sono convertite, o colorate, dalla mente conscia e dal processo cognitivo. La mente conscia è come la parte della caffettiera che accoglie la miscela in polvere. Quando si beve il caffé, non si beve il caffé in polvere, ma quello liquido che è stato filtrato. La polvere è la parte che è eliminata. Le impressioni e le sensazioni provenienti dal mondo esterno sono come il caffè in polvere. Tutte le volte che si riceve una sensazione, se la mente conscia prova interesse, e non la respinge, questa sensazione è trasportata verso la mente inconscia, dove si deposita influenzando le impressioni preesistenti. Tutte le sensazioni che riceviamo devono prima passare attraverso il filtro della mente conscia, poi procedono verso la mente inconscia per essere trasformate in impressioni. Le emozioni derivano dalle impressioni. Se l'emozione riguarda il cibo, andrà a posarsi nella sorgente del cibo, e vi rimarrà, se riguarda il sonno, andrà alla fonte del sonno e se riguarda la paura, andrà alla paura. Se riguarda il sesso, andrà al sesso. Le sensazioni ricevute andranno nelle loro rispettive dimore dell'inconscio per poi essere trasformate in motivazioni ed emozioni. L'esistenza terrena è fondata sulle emozioni e sulle motivazioni. Le sensazioni trasformate riposano nell'inconscio, in attesa di un'occasione di espressione. Quando l'opportunità si presenta, le emozioni si riattivano ed emergono in superficie. Dopo essere state immesse dal mondo esterno, e dopo essersi trasformate in emozioni nella mente inconscia, le sensazioni devono nuovamente attraversare il filtro della mente conscia per poter essere espresse nel mondo esterno. Le emozioni e le impressioni avanzano verso la mente conscia per motivarvi a operare nel mondo esterno.

Il procedimento può essere paragonato all'atto di gettare un sasso in un lago. Quando si getta un sassolino in un lago, sulla superficie dell'acqua si creano numerose increspature. Dopo il lancio, il sasso cade in acqua e, quando raggiunge il fondo del lago, crea una bolla d'aria. Questa bolla d'aria sale in superficie e scoppia. Un unico sasso, gettato nel lago, crea ben tre bolle: la prima la produce toccando l'acqua, la seconda toccando il fondo. Questa seconda bolla, quando sale in superficie, ne produce una terza. Seguendo un processo analogo, voi state gettando una serie interminabile di sassi nel lago della mente. Il tipo di sensazione prodotta nel lago della mente determina tanto le caratteristiche della bolla che sale dal fondo quanto il tipo di increspatura prodotta in superficie. Esiste una relazione tra la sensazione che si riceve e l'impressione creata da essa. Una sensazione, depositandosi nella mente inconscia, crea un'impressione di qualità simile all'impressione originale. Affiorando in superficie, questa sensazione genera una terza impressione di natura simile.

Il contatto dei sensi con gli oggetti produce sensazioni. Ricevere una sensazione significa sentire qualcosa. Il sentimento nasce quando la sensazione raggiunge le fonti primitive e l'insieme delle emozioni, tra cui possiamo elencare desiderio, collera, gelosia, orgoglio, egoismo e attaccamento. Le emozioni sono molto potenti. Le pulsioni primitive lo sono ancora di più, ed è indispensabile comprenderle, se si vuole parlare di sentimenti. I sentimenti potenziano i desideri primitivi e le emozioni che scaturiscono dai desideri primitivi. I sentimenti possono essere paragonati all'uomo cieco che sa camminare, pur non sapendo dove andare. I sentimenti allo stato primitivo possono essere molto pericolosi, se non sono filtrati dalla valutazione della mente. Forse voi siete considerati molto colti, e socialmente educati, ciononostante persino una sola emozione è sufficiente a mettervi in crisi, portandovi ad agire in modo scorretto. Una singola emozione è in grado di turbarvi talmente da trasformarvi in un mostro. Una singola e semplice emozione può farvi esplodere e spingervi a infierire contro le persone che amate. Persino un individuo dotato di una mente equilibrata, e altamente intellettuale, può commettere un grave crimine se si lascia trasportare dalle emozioni. È pericoloso perdere la propria centratura a causa di un'emozione. La natura controlla gli istinti degli animali, ma non controlla gli istinti animali degli esseri umani. Gli esseri umani sono dotati di una mente. Se questa non viene preparata a controllare le emozioni, si rischia di trovarsi ad affrontare il proprio lato primitivo e a commettere atti criminali. Un crimine, come lo stupro, o la pedofilia, è sintomo di malattia. I criminali hanno bisogno di essere curati ed educati affinché pongano fine alle proprie attività malvagie. Il crimine non è un atto come un altro: è un sintomo di malattia, e come tale dovrebbe essere trattato. Chi non permette alle proprie emozioni e ai sentimenti primitivi di filtrare attraverso il processo cognitivo, non è capace di discriminare tra giusto e sbagliato. Un individuo simile si comporta come un animale. Gli animali non pensano. Quando le emozioni e i sentimenti intaccano il processo cognitivo, si instaura un processo che determina l'insorgere del crimine interiore. Se non si mette un freno alle emozioni e ai sentimenti, aiutandoli ad attraversare il filtro del processo cognitivo, questi rimangono allo stato brado e possono addirittura assumere il controllo della vostra esistenza.

Esistono tre diversi tipi di azioni, pensieri ed emozioni. Che siano positive o negative, le azioni, i sentimenti e le emozioni possono essere qualificate come modeste, medie e intense. Sopraffatti dalle emozioni, potreste trovarvi ad afferrare l'asta del camino per colpire il coniuge sulla testa. In preda all'emozione, un bambino può diventare crudele sino a uccidere un cucciolo a colpi di bastone. Questo tipo di azione è definito intenso. Il tipo medio si costruisce più lentamente. Avete mai assaggiato un ortaggio in salamoia? La salamoia non può essere pronta dall'oggi al domani, perché è necessario attendere a lungo affinché gli ortaggi si trasformino. Un esempio di emozione di intensità media è il pensiero negativo. *Quest'uomo è malvagio. Parla in modo strano; non è gentile con me.* In questo caso, voi fate concretizzare una realtà mentale pensandola. Poi esiste il terzo tipo di intensità, quello modesto. In certe circostanze, osservando l'abbigliamento di una persona, esprimete disappunto aggrottando le sopracciglia. Esistono persone che, osservando esclusivamente l'abito di un proprio simile, lo giudicano in base al suo aspetto esteriore e non per la sua anima. L'atteggiamento mentale che vi fa aggrottare le sopracciglia è inutile, e non fa che aumentare le rughe sul volto. È proprio questa abitudine a creare le rughe. Al suo insorgere, l'intensità dell'emozione è modesta; poi diventa media e infine intensa. Provate a osservare voi stessi: la più piccola delle impressioni che sono depositate nella vostra mente inconscia ha la possibilità di crescere sino a diventare molto potente. Tutte le volte che il vostro interesse per una particolare sensazione aumenta, le attività e i pensieri associati a tale sensazione si ripetono in continuazione, e l'impressione crea un solco ancora più profondo. Una sola impressione di odio, anche se piccola, nei confronti di una persona, può diventare così forte da spingervi a uccidere. È possibile arrestare il progresso delle piccole impressioni negative fornendo a se stessi suggestioni positive, ed essendo consapevoli del progresso compiuto.

Il cumulo delle sensazioni provenienti dal mondo esterno con il tempo può diventare un peso. L'esistenza diventa una zavorra se non si sanno gestire le sensazioni. Sarebbe molto importante imparare a studiare le azioni, le emozioni e i pensieri negativi quando la loro intensità è ancora irrilevante. Se si permette loro di diventare intensi, si rischia persino di impazzire, e saranno la causa di profondi dispiaceri. Un giorno, a Kanpur, ho visto morire d'infarto un uomo a cui era stato annunciato che aveva vinto alla lotteria. Quest'uomo era sempre stato sano, e non aveva mai avuto problemi cardiaci. L'acquisto di un biglietto da sette rupie gli aveva fatto vincere settecentomila rupie e la forte emozione lo ha ucciso! Quale tipo di felicità poteva essere? Non era vera felicità. Era semplicemente un'emozione troppo intensa. Il povero uomo non era stato capace di controllare la reazione della propria emozione.

È importante comprendere che le emozioni stanno alla base di ogni problema, e che le abitudini emozionali possono diventare malattie. L'organismo è soggetto a malattie di varia natura che non tutti sanno gestire. Un numero molto esiguo di malattie è considerato puramente fisico, tra cui le malattie infettive. Le malattie fisiche sono semplici da affrontare, anche quando sono molto gravi. La mente è la causa principale di gran parte delle altre malattie. Quelle mentali sono più gravi di quelle fisiche. Indipendentemente dallo sforzo compiuto dalla scienza per eliminarle, questi tipi di malattie persistono. Talvolta, eliminata una malattia, ne sopraggiunge un'altra. La vostra sofferenza è causata dall'ignoranza: la maggior parte di voi non sa come pensare, e soffre. Le malattie emozionali non sono malattie mentali. Le emozioni possono essere causa di malattie mentali, ma non lo sono. La malattia emozionale è diversa da quella mentale e da quella nervosa, e le malattie del cervello sono ancora più complesse. Per queste ultime, non si può fare molto. Quando si instaura una malattia cerebrale, la mente non può fare più nulla perché questo tipo di affezioni non possono essere guarite con il controllo della mente.

Le malattie psicosomatiche traggono origine dal corpo emozionale, non nascono dall'inconscio in modo autonomo, ma hanno origine dalle impressioni accumulate in merito al rapporto con il prossimo e con il mondo in generale. Tutte le emozioni che provocano malattie psicosomatiche hanno sempre una causa legata alle relazioni umane. Secondo la scienza dello yoga, tutte le emozioni hanno radici nel mondo esterno, infatti, il termine emozione significa "relazione". Se si desidera studiare le proprie emozioni, si devono studiare le relazioni, e cercare di scoprirne i punti deboli. Tutte le emozioni sono collegate alla famiglia, alle istituzioni educative o all'ambiente in cui si è cresciuti. Siete costantemente influenzati dall'ambiente e neppure una singola emozione può essere detta completamente vostra. Gran parte delle emozioni conflittuali ha origine nel mondo esterno, e molti non sono ancora riusciti a comprendere il rapporto che dovrebbero avere con il mondo esterno. Allorché riuscirete a domare le pulsioni primitive, sarete liberi dalle emozioni provocate dalle pulsioni stesse; tuttavia questo non significa che sarete liberi dalle emozioni provenienti dal mondo esterno.

Tutte le emozioni provengono da sensazioni esterne, oppure dalle quattro fonti primitive – cibo, sesso, sonno e istinto di conservazione. Da qui scaturiscono sette torrenti. A loro volta, i sette torrenti hanno altre ramificazioni. I sette torrenti sono: *kama* (desiderio), *krodha* (collera), *moha* (attaccamento), *lobha* (avidità), *mada* (orgoglio), *matsarya* (gelosia) e *ahamkara* (egoismo). Imparando a comprendere i sette torrenti, sarete in grado di spiegare le vostre emozioni. Imparando ad aiutare voi stessi e anche gli altri. Come minimo, non sarete di peso a nessuno. È meglio cercare di non essere un peso per chi vive con voi, piuttosto che cercare di fare del bene utilizzando la propria mente in stato confusionale. Per riuscirvi, è necessario studiare le emozioni, comprendere la loro origine e imparare a controllarle.

Capitolo 11

LA CAUSA DELLE EMOZIONI

La vita mondana è importante, ma la vita interiore ha ancora più valore, perché le azioni rispecchiano i pensieri. I pensieri hanno radici nelle emozioni, e le emozioni sono virtualmente desideri. Quando si desidera qualcosa, quel desiderio diventa la motivazione che fa vibrare l'esistenza, infatti i desideri sono all'origine di tutte le emozioni. Nella mente circolano milioni di desideri, e questi creano altrettanti schemi mentali. Se un desiderio non è appagato, si è subito sopraffatti dalla collera; al contrario, se è appagato, si è sopraffatti dall'avidità e dall'egoismo. È l'ego che, istigandoti a pensare in termini di "io e mio", separa dal tutto. Si diventa orgogliosi ogni volta che si ritiene di possedere qualcosa, e quando i vostri desideri sono stati appagati, mentre quelli di un'altra persona non lo sono stati, diventate orgogliosi.

L'attaccamento è causa di sofferenza perché si teme di non ottenere ciò che si desidera, o si ha paura di perdere quello che si possiede. Questo si chiama attaccamento. Se un vicino di casa possiede quello che si desidera, si è sopraffatti dalla gelosia. Le sette principali cause delle emozioni sono le sette correnti prodotte dalle quattro fonti. Analizzando correttamente le emozioni e la loro origine, si offre un importante servizio a se stessi e al mondo.

Supponiamo che siate arrabbiati per una frustrazione sessuale, o un desiderio di cibo inappagato. I due tipi di collera hanno effetti diversi: il primo tipo avrà un effetto mentale, mentre il secondo ne avrà uno fisico. Se un bambino commette un errore, e nuoce a se stesso, per disciplinarlo gli si dice: "Non farlo". Questa non è collera. Poiché amate vostro figlio, per disciplinarlo si fa finta di essere in collera. Questo tipo di collera è positivo. Al contrario, se perdete le staffe e commettete un crimine, siete di fronte a un esempio di collera negativa. La collera ha un effetto negativo sulla salute, perché alza la pressione sanguigna e indebolisce il sistema nervoso.

—•—•—•—

Il mio insegnante di *kung-fu* aveva più di novant'anni. Non ho mai scoperto la data precisa della sua nascita perché, se qualcuno gli faceva una domanda sulla sua età, rispondeva: "Io non ho età. Per quale ragione vuoi saperlo?" L'oggetto del suo insegnamento era la pratica. Pratica significa sperimentare, e sperimentare significa essere guidati dall'esperienza. Se, per esempio, io sono stato sgarbato nei vostri confronti, la mia esperienza mi dirà che questo atteggiamento non è corretto. Dovreste consentire all'esperienza di guidarvi ogni volta che avete la tendenza a comportarvi in modo sgarbato. Quando conoscete un principio, dovreste anche imparare a metterlo in pratica. È necessario lasciare che le esperienze passate riaffiorino alla memoria. Supponiamo che il vostro maestro abbia appena spiegato come evitare la collera, ma dopo poco voi vi arrabbiate per qualcosa che non approvate. Il vostro maestro continua a sorridere e commenta: "Questa mattina vi ho insegnato come fare a non soccombere alla collera. L'insegnamento è molto fresco, eppure l'avete dimenticato nel giro di poche ore. Qualcosa, in voi o in me, non ha funzionato. I casi sono due: o io non vi sto insegnando nel modo giusto, o voi non state praticando nel modo giusto. Chi ha ragione, e chi ha torto?"

Talvolta si pensa di aver imparato a controllare la collera, ma questa può esistere anche in forma latente. Gran parte della personalità individuale è immersa nell'inconscio. La collera può essere anche definita un desiderio in forma modificata: se il desiderio non è appagato, la collera insorge. Essa si sviluppa perché si continua a nutrire l'ego, e può esistere sotto forma nascosta, repressa nel cuore e nella mente. Se vi arrabbiate, ma non dimostrate la rabbia, continuando a sorridere, esprimete il vostro lato migliore e sopprimete quello peggiore. Quando arriva un amico, lo accogliete dicendo: "Ciao, come stai?" Siete educati, poi però vi sposate e fate molte promesse alla moglie: "Oh, mi prenderò cura di te e tu sarai la regina del mio cuore. Sarai la pupilla dei miei occhi". Adulate la moglie e la povera ragazza vi crede. Dopo il matrimonio, le cose cambiano. Cominciate a riversare su di essa tutta la collera che non avete potuto esprimere con vostra madre, né con vostro padre o con gli amici, perché questi vi avrebbero sfidato. Se vostra moglie ha un carattere debole, inizialmente accetterà. *So che mi ama. Non capisco cosa sta accadendo. Devo aiutarlo a superare questi momenti di collera.*

Però, non avendo espresso tutta la vostra rabbia, il giorno dopo tornate alla carica. Allora, vostra moglie inizia a porsi sulle difensive e la terza volta perde la pazienza ed esclama: *Ok, se ti comporti così, anch'io inizio a utilizzare il mio meccanismo di difesa.*

Se si riesce a individuare l'origine delle emozioni, si arriva a comprendere ogni tipo di problema emozionale e, per quanto celate possano essere le emozioni, non si prova alcun turbamento. Chi si arrabbia dimostra di essere una persona debole. Se si reagisce per il comportamento di qualcuno, significa che si è più deboli dell'altra persona. Non è bene reagire e neppure turbarsi, si rischia di rimanere influenzati dal comportamento errato dell'altra persona, o dai suoi particolari difetti. È facile essere dominati da qualcuno che è arrabbiato. Quando la mente conscia è governata dalle emozioni, dalle fantasie e dai problemi, diventa impossibile controllarla. Cercate di ripetere a voi stessi che, indipendentemente da quanto può accadere, non consentirete alla vostra mente di rimanerne turbata. Con questa pratica si favorisce lo sviluppo della determinazione, *sankalpa-shakti*. Il tipo di suggestione praticato dall'ipnotista si chiama ipnosi. L'autosuggestione impiegata dallo *yogi* si chiama *sankalpa-shakti*.

—•—•—•—

Una volta, mentre partecipavo a una conferenza ad Amburgo, in Germania, decisi di raccontare una barzelletta al pubblico. La barzelletta era molto lunga, ma avevo una brava interprete. Impiegai venti minuti per raccontarla, tuttavia l'interprete ne rese una traduzione di pochi secondi che fece scoppiare l'intera assemblea in una fragorosa risata. Io ricordo di aver pensato: *Credo di aver perso il mio tempo imparando l'inglese, il sanscrito e le altre lingue. Ora voglio imparare il tedesco.* Terminata la conferenza, domandai all'interprete: "Come hai fatto a tradurre una barzelletta tanto lunga in pochi secondi?" L'interprete rispose: "Ho detto: 'L'oratore sta raccontando una barzelletta. Per favore, ridete".
Il senso dell'umorismo è molto importante. Cercate di ridere, con i figli e con il partner. Quando si ride, si è felici.

—•—•—•—

Vivere con il sorriso sulle labbra dovrebbe essere un fatto naturale. L'atteggiamento giusto è quello che fa continuare a sorridere indipendentemente dalle circostanze esterne. Il dono più grande dell'essere umano non è la vita in sé e per sé. Sebbene l'allegria e il sorriso siano i prerequisiti più importanti, e più rari, sono ben poche le persone che sanno veramente ridere. L'etica e la buona educazione raccomandano di accogliere tutti con un sorriso, tuttavia devo segnalare che spesso sarebbe utile indossare un distintivo all'occhiello della giacca con scritto *sorridi con il cuore*, perché il sorriso stereotipato non facilita le relazioni.

Se, in una coppia, marito e moglie non sanno ridere dei fatterelli quotidiani, e per ridere devono frequentare locali notturni e club, significa che non sono veramente amici. Voglio raccontarvi una storia vera. Un giorno, Charlie Chaplin andò a far visita a una chiromante per chiederle cosa doveva fare per essere felice. La chiromante rispose: "Esiste un uomo che si chiama Charlie Chaplin. Ti consiglio di andarlo a trovare una volta la settimana. Vedrai che riuscirai a ridere".

Al che lui replicò: "Sono proprio l'uomo sfortunato che hai nominato".

Ridere perché altre persone ci fanno ridere è molto facile, ma continuare a sorridere richiede saggezza interiore. È necessario comprendere il significato della felicità: riuscire a vedere in vostra moglie la medesima Realtà che riconoscete in voi stessi. Solo così riuscirete a sorridere, e a ridere spontaneamente e in modo autentico. Cercate di vedere la medesima Realtà anche negli amici, nei collaboratori e nei familiari. Se non siete in grado di vedere Dio dentro di voi e in chi vi circonda, quale Dio andate cercando nelle chiese? La vita si basa sulle relazioni e quindi queste sono realtà molto importanti ed è quindi opportuno tenerle in considerazione. La Verità che si cela in voi è presente anche negli altri, ma purtroppo non molti di voi hanno un approccio simile, mentre vi relazionate con gli altri.

State tentando di acquisire un falso senso di sicurezza accumulando una gran quantità di oggetti materiali: più numerosi sono gli oggetti che possedete, più orgogliosi diventate, e più insicuri vi sentite. L'orgoglio è sempre una falsa sicurezza. Che senso ha, in nome della sicurezza, raccogliere spazzatura e continuare a sentirvi insicuri?

Per esempio, la falsa sicurezza dell'orgoglio fondata sul fatto che possedete una casa non aiuta nessuno. Le pareti di casa vostra semplicemente proteggono dal caldo e dal freddo: non potete aspettarvi molto di più. Queste false sicurezze basate sull'orgoglio si manifestano a partire dall'attaccamento che si sviluppa per ciò che possedete ed è un ostacolo alla crescita personale.

L'origine di tutti i problemi è l'attaccamento in quanto non considerate neppure che, in verità, nonostante voi affermiate di possederli, gli oggetti materiali non vi appartengono.

Anziché vedere gli oggetti come strumenti di illuminazione, finisce che sviluppate un attaccamento eccessivo verso gli oggetti dei desideri, cosa che in realtà non è altro che un'espressione della brama di possesso, che a sua volta nasce dall'egoismo.

Io posso essere attaccato a questo microfono, ma l'attaccamento non mi fa soffrire perché conosco la vera relazione che intercorre tra me e questo oggetto, e sono consapevole che lo sto semplicemente utilizzando al fine di essere udito dal pubblico. Terminato l'uso del microfono, io posso uscire da questa stanza senza provare dispiacere.

Inoltre, se tutte le volte che si desidera possedere una determinata cosa, ma non è possibile averla, si sviluppa un attaccamento sempre più intenso, questo oggetto tanto desiderato diventa la fonte di amarezze e profonda insoddisfazione. L'uomo può utilizzare tutti gli oggetti del mondo purché riesca a non sviluppare attaccamento.

In certi casi, l'attaccamento per gli oggetti dei sensi può indurvi a credere di essere innamorati di una persona, anche se, in verità, siete attaccati alle cose del mondo, e soltanto innamorati di voi stessi. L'amore vero è molto diverso dall'attaccamento, anzi, la differenza tra amore e attaccamento è abissale: quando è solo attaccamento, si vuole ricevere, mentre nell'amore si prova solo il desiderio di dare. Nell'amore si offre tutto senza attaccamento e senza aspettative. *Non attaccamento* significa "amore". *Attaccamento* significa "schiavitù". L'attaccamento è una trappola che procura soltanto dolore, mentre l'amore rende generosi e felici: libertà è amore e l'amore è l'espressione dell'illuminazione.

Imparate ad amare praticando il distacco dagli oggetti, e applicando il metodo tramite il quale potete imparare a utilizzarli soltanto come strumenti per raggiungere i vostri obiettivi. Quando si ama, si diventa generosi e distaccati. L'esistenza risulta un viaggio felice se ci si limita a utilizzare senza attaccamento ciò che si possiede, e amando tutti senza escludere nessuno.

Può accadere di provare un po' di gelosia nei confronti di chi possiede qualcosa che desiderate da anni, ma che non siete mai riusciti ad avere. Sappiate, però, che la gelosia è la vera causa della povertà. Nel momento stesso in cui provate un sentimento di gelosia, anche soltanto momentaneo, diventate subito poveri, e sminuite il vostro potenziale interiore. Non riuscendo a trovare la forza necessaria per respingere questa sensazione, diverrete dei miserabili. La gelosia è una pessima qualità, e può anche portare alla pazzia.

La sofferenza deriva dall'ego. Se non riuscite a progredire, è dovuto ai limiti imposti dall'ego che non avete saputo educare, purificare o utilizzare nel modo più consono. In questo modo perdete il contatto con il Sé interiore, il centro della coscienza, e anche con il mondo esterno. Non siete più capaci di comunicare con gli altri e, non potendo trarre beneficio dalla luce interiore, che è la fonte della coscienza, arrestate anche l'evoluzione. L'ego può anche essere uno strumento utile, ma dovreste usarlo fino a consumarlo del tutto, esattamente come succede con le scarpe. Al contrario, la maggioranza continua a nutrire l'ego senza mai utilizzarlo, proprio come le persone che, dopo aver lucidato le proprie scarpe, le riponcono nello scaffale senza mai usarle. Se non lo usiamo, risulta come acquistare un'autovettura, lucidarla ogni giorno e non adoperarla mai. L'ego esiste per essere impiegato; non si può esistere senza ego. È giusto avere un ego ed è anche spesso molto utile, ma è indispensabile saperlo usare come un semplice strumento.

Il viaggio più pericoloso di tutti è il "TRIP DELL'EGO". Tutti gli altri sono viaggi divertenti e facili. È molto difficile e faticoso educare, nutrire e vivere per l'ego. L'ego che afferma *tutto mi appartiene*, non solo è nocivo, ma è anche un nemico perché non vi permette di evolvere. Sono rari quelli che sanno riconoscere gli ostacoli che si frappongono alla meta finale, pertanto pochi riescono a progredire e a scoprire le lacune del loro carattere.

L'ego può essere purificato, lucidato e trasformato, e può essere utilizzato per compiere ogni azione in modo disinteressato. Ricordate sempre all'ego che il corpo e la mente non vi appartengono e che non c'è posto per l'ego, se si vuole essere felici. L'ego ha la sola funzione di portare a compimento i doveri quotidiani per mezzo della mente, delle azioni e delle parole. Da mattina a sera, non fate che ripetere *io, io, io*. Anche se queste due lettere "IO" sono pronunciate troppo spesso, rappresentano la parola meno conosciuta al mondo; tuttavia, se avete realizzato che questo *io* è al di là del corpo, dei sensi e della mente, nulla sarà impossibile. L'identificazione con il corpo e con gli schemi mentali è la causa di ogni sofferenza e se continuate a pensare *io sono il corpo*, soffrirete, perché il corpo non può evitare di modificarsi, deperire e morire, e invece se vi identificate con l'*Io* che è la luce della vita, sarete liberi dalla paura, per sempre.

La mente è molto vicina all'anima, e ne utilizza il potere. Se immergete l'estremità di una barra di acciaio nel fuoco, anche la seconda estremità si surriscalderà. Le cattive abitudini impediscono alla mente di utilizzare il calore dell'anima in modo corretto. Cercate di imparare ad aiutare voi stessi, purificando la mente affinché divenga consapevole che il potere non è suo, bensì dell'anima. In questo modo eliminerete tutti i problemi dettati dall'ego e non agirete esclusivamente per soddisfarlo.

Tutte le forme di devozione, tutti i cosiddetti amori e attaccamenti, alimentano solo l'ego. Tutto ciò che decidete, buono o cattivo che sia, lo decidete secondo quello che più vi conviene: amate vostra moglie perché lei vi ama, ma se lei non vi ama, voi non la amate più. Amate il coniuge perché vi identificate con lui o con lei. Ogni volta che vi identificate con qualcuno, finite per amarlo. Mentre state aiutando qualcuno, o solo facendo un piacere, vi consiglio di analizzare quanto siete realmente disinteressati: è raro che vi prestiate ad aiutare qualcuno senza una ragione o aspettative, anche se affermate di farlo in modo disinteressato. Siate sinceri con voi stessi: lo fate perché volete qualcosa in cambio, oppure perché desiderate essere gratificati dal sentirvi lodati o per l'immagine di persone generose a cui l'ego tiene tanto. Se nella mente non esiste questo tipo di pensieri, allora l'azione è pura, disinteressata, e scevra di presunzione.

Assenza di interesse personale significa essere contenti di compiere un'azione a favore di un'altra persona senza aspettarsi ricompense di alcun genere. Il mondo ha ben poco da dare, e le vostre aspettative sono numerose. Il mondo è uno specchio: non aspettatevi troppo da uno specchio che offre soltanto il riflesso di ciò che siete. Ciò che potreste ricevere da voi stessi, ve lo aspettate dagli altri; ciò che potreste ricevere dagli altri, ve lo aspettate da voi stessi.

Il medesimo principio vale per le relazioni. Avete tutti troppe aspettative nei confronti dei figli, ma loro non sono in grado di darvi quello che vi aspettate, un marito ha troppe aspettative nei confronti della moglie e una moglie ha troppe aspettative nei confronti del marito. In realtà nessuno dei due ha la capacità di soddisfare le richieste dall'altro. Pertanto, per vivere contenti, l'atteggiamento migliore è quello di non avere aspettative. Per esempio, anche l'eccesso di aspettative nei confronti di un Maestro spirituale impedisce addirittura di ascoltare i suoi insegnamenti. Per potervi godere la vita, imparate a non avere aspettative, e agite senza attaccamento.

Il mondo intero è mosso dall'ego: affermate di amare Dio, ma in realtà adorate il vostro ego. A chi credete di rivolgervi quando pregate? All'ego. Per chi pregate? Per l'ego. Per quale motivo vi nutrite? Per l'ego. Continuate a ripetere: "*Io* faccio questo, *Io* faccio quest'altro" e con queste parole non fate altro che rafforzare il vostro ego, lo stesso ego che vi ha separato dal Tutto. Inconsapevole di un'esistenza superiore, l'ego cresce sempre più forte e finché non raggiungete la consapevolezza della Realtà, continuerete a pensare di essere tutto ciò che esiste. Questo atteggiamento è dettato dall'ego che tende a separarvi dalla totalità dell'esistenza e non aiuta a vedere oltre. L'ego può regalare alcuni sprazzi di conoscenza, ma esclusivamente entro i limiti che ha costruito intorno a se stesso.

L'ego ha due aspetti, superiore e inferiore. L'ego che vi aiuta a superare i vostri limiti è chiamato ego superiore. L'ego che vi limita, costruisce intorno a voi una barriera per separarvi dal tutto, impedendovi di essere esposti ai livelli più alti della coscienza, è quello inferiore. Non è difficile capire la dinamica che crea la separazione dalla totalità dell'esistenza. Se vi sentite separati, significa che vi sentite privi di potere. Quando poi riuscite ad agire e a trasformare la personalità, significa forse che Dio non ha alcuna parte nella vostra creazione? Siete forse stati creati da Dio per rimanere esattamente come siete, o siete stati creati per cambiare e trasformare la vostra personalità? A causa della mancanza di comprensione, non siete in grado di intravedere la soluzione, e tentate di misurare l'intero universo con il piccolo metro della mente. Quando la mente non è capace di offrire una soluzione, il rimedio sta nell'oltrepassare l'intelletto. Sottoporre l'ego a una resa è un compito molto arduo. La resa non significa sottomettere il proprio ego ad altre persone. Non è possibile avere fede, né sottoporre l'ego alla resa, senza comprendere la realtà dell'ignoto. Si vuole affidare l'ego all'ignoto, alla

Realtà che è il centro della Verità e della consapevolezza. Quando pregate "*io appartengo a Te; lascia che Ti serva con tutta la mia forza, la mia mente, le mie azioni e le mie parole, senza interessi personali*", in questo caso l'ego è utile. Affidare l'ego al Supremo significa accettare la Realtà e la consapevolezza superiore. Arrendersi non significa rinunciare all'ego. Nessuno vi sta dicendo di rinunciare all'ego. Abbandonare l'ego significa essere costantemente consapevoli della Realtà interiore. Non vi sentirete più separati dal tutto. Se l'ego può separarvi dal tutto, significa che può anche collegarvi con il tutto, purché sia ripulito con cura e reso consapevole della Realtà. Quando l'ego smette di essere un problema, voi non siete più soggetti a provare emozioni negative, e non desiderate possedere qualcosa che già non vi appartiene. Quando imparate a espandere l'ego individuale nella coscienza superiore, il medesimo ego diventa uno strumento che accresce la vostra consapevolezza della Realtà esistente al di là delle barriere che voi stessi avete creato. Questo è l'ego superiore. Quindi, potrete affermare: *Io sono Tuo, e Tu sei mio. Io riconosco che esisto grazie a Te*[5].

Dopo aver attraversato l'oceano, Hanuman tornò da Rama, e questi lo interrogò: "Hanuman, come hai fatto ad attraversare l'oceano? Nessuno è in grado di farlo. E poi l'isola è piena di persone malvagie e potenti. Come hai fatto ad andare laggiù, ricevere tutte le informazioni su Sita, e tornare indietro?"

Hanuman spiegò: "Ho saltato così, e poi ho saltato così".

L'atteggiamento egocentrico di Hanuman colse di sorpresa i presenti che si meravigliarono molto. Hanuman aggiunse: "È successo in virtù della grandezza di Rama".

Non è raccomandabile sviluppare l'ego a partire dall'orgoglio.

[5] Sono le parole di un canto devozionale spesso intonato negli ashram.

Coltivate l'ego nel sentimento della resa, affinché possa brillare. Gli *yogi* affermano che l'atto di ego più estremo è rappresentato dall'abbandono dell'ego. *Arrendersi* significa "essere consapevoli della Realtà". L'ego deve diventare consapevole di essere soltanto un agente, e non il proprietario. Consentendo all'ego di diventare il vostro proprietario, causate la vostra stessa rovina. L'ego rende contratta la vostra personalità e vi separa dal tutto. Non vuole lasciarvi crescere, non vuole che diventiate una sola cosa con la Realtà. Per tale ragione la via più breve consiste nel tagliare la testa all'ego, ed *essere* sempre presente, nel qui e nell'ora.

—•—•—•—

All'età di circa diciotto anni dissi al mio Maestro: "Non ho più bisogno di praticare niente. Sono perfetto. Non ho bisogno di altri maestri, né di continuare a studiare. Tu mi hai insegnato ogni cosa, e ora so tutto. Sono uno *swami* perfetto. Non esiste in India uno *swami* perfetto quanto me". Il Maestro mi guardò e disse: "Che ti è successo? Ti sei forse drogato? Che vuoi dire?"

Io risposi: "È la verità".

Dopo tre giorni, il Maestro disse: "Ora ti assegnerò una pratica yogica. Non hai ancora capito nulla. Tu devi uccidere quattro nemici".

Io replicai: "Tu che insegni la non-violenza mi stai ordinando di uccidere?"

Il mio Maestro con gentilezza mi spiegò dettagliatamente: "No. Questo non è uccidere. Ricordati di questi quattro punti: *kama* significa desiderio, lussuria. Il desiderio egoistico è all'origine di tutti i problemi. Coltiva il desiderio di incontrare Dio, ma non quello di acquisire oggetti per te stesso; non essere egoista. Abbandona il desiderio motivato dall'egoismo. Secondo punto: tu ti arrabbi molto facilmente. Io faccio ogni cosa per te, e tu non fai nulla, eppure provi un sentimento di collera nei miei confronti. Collera significa desiderio inappagato. Tu hai un desiderio da appagare e io sono un ostacolo per te, pertanto non puoi appagare il tuo desiderio. Sei in collera per questa ragione. Il terzo punto è l'orgoglio. Qual è la ragione del tuo smisurato orgoglio?"

Io risposi: "Sono bello, giovane e sano".

"E ne sei orgoglioso?"

Io dissi molte cose, e lui rise di me.

"Non hai letto la storia? Non hai visto cosa è accaduto ai grandi guerrieri? Dove si trovano ora? Lo stato e il popolo hanno dedicato loro delle tombe, ma se ora vai a verificare, vi troverai soltanto un branco di asini. Di tutti gli eroi del passato, oggi non è rimasta alcuna traccia. E tu dici di essere orgoglioso. Cosa ti rende tanto orgoglioso? Sei forse capace di creare dal nulla un altro piccolo Bhole?" Il Maestro mi aveva dato un nomignolo e mi chiamava Bhole.

Io risposi: "No".

"Cerca di scoprire cosa hai fatto, cosa hai guadagnato, e cosa possiedi che ti rende tanto orgoglioso".
Capii che io non possedevo nulla, e quindi non avevo motivo di essere orgoglioso.

"*Moha* è il quarto punto. *Moha* significa attaccamento.

Tu sei attaccato al tuo corpo, ma non lo possiedi. Tu credi di possederlo, ma non è tuo. L'attaccamento al corpo ti fa dire: 'Io sono questo e quest'altro'. Puoi forse affermare che il corpo ti appartiene? Sei forse capace di creare un altro corpo simile al tuo? Io ti ho insegnato a camminare a testa alta, e ora tu ti metti in mostra. Non è questo il motivo per il quale ti ho educato. Stai nutrendo il tuo ego; hai paura di non ottenere ciò che desideri e di perdere quello che hai. Questa paura ti fa commettere una serie di atti inconsulti. Devi uccidere questi demoni e poi tornare da me. Devi farlo entro e non oltre sei mesi, perché ormai sei un uomo, e devi imparare a insegnare ad altri. Fino a oggi, tu non hai imparato nulla".

"Io ho imparato a meditare per molte ore".

"Sì, è vero. Ora impara a non avere desideri, a non provare collera, a non essere orgoglioso e a non avere attaccamenti. Segui queste quattro linee di condotta per due mesi, e vai a trovare i quattro *swami* che ti indicherò. Ricorda: stai andando a trovare quattro uomini saggi. Non proiettare sugli *swami* i tuoi sentimenti".

I quattro saggi erano amici del Maestro, ed egli decise di non informarli del mio arrivo.
Per primo, andai a trovare uno *swami* che era famoso per il suo silenzio. Indipendentemente dalle circostanze, egli non guardava in faccia nessuno. Non possedeva nulla, eppure era sempre contento.
Incontrai lo *swami* mentre era seduto sotto un albero, in cima a una collinetta sovrastante un lago. I visitatori erano soliti accendere un piccolo fuoco accanto allo *swami*, che non indossava mai alcun indumento, nem-

meno in inverno. La sua pelle era impermeabile come quella di un elefante, ma era molto grasso. Tutt'intorno all'albero, il terreno era disseminato di cortecce di canna da zucchero che lo *swami* masticava quando aveva fame. Mi avvicinai e gli toccai i piedi e pensando di fargli piacere iniziai a massaggiarglieli. Subito lo *swami* mi sferrò un calcio e mi fece rotolare giù dalla collina, sino alla sponda del lago. Ero pieno di lividi. Furente, dissi a me stesso: "Non doveva farlo. Se mi dai un calcio, io te ne darò due. Lascia che torni su".

Dopo essermi ricomposto, dimenticandomi che avrei dovuto uccidere la collera, mi avvicinai allo *swami* e iniziai a prenderlo a calci. All'improvviso, egli disse: "Ti è stato chiesto di uccidere quattro nemici, e non ne hai ucciso nemmeno uno. Il tuo Maestro ti ha ordinato di non arrabbiarti. Siediti. Io ti ho dato un calcio per mettere alla prova la tua pazienza. Cosa ti rende tanto furioso? Io non ho dato un calcio a te, ma al tuo ego. Cerca di capire. Il calcio serve a ricordarti che devi essere libero dalla collera. Per quale ragione hai toccato i miei piedi e non il mio cuore? Se vuoi saperlo, te lo spiegherò".
Lo *swami* disse una cosa molto bella: "Il saggio offre la parte migliore della propria vita ai piedi di loto del Signore. In genere, la gente ti riconosce dai tratti del volto. Se, tuttavia, tu hai offerto la testa al Signore, il mondo non potrà più riconoscerti. Se non hai più un volto, nessuno potrà più identificarti. Potranno toccare i tuoi piedi, o il tuo corpo, ma non sapranno chi sei, perché la tua mente sarà altrove. Le persone che vivono immerse nel mondo non sanno riconoscere chi ha offerto la propria testa a Dio, ma in realtà non possono vedere il viso di un saggio perché non esiste. La parte migliore di un saggio si trova ai piedi del Signore. Infatti la gente trova soltanto

i piedi di un realizzato ed è per questo che tocca i piedi a un santo. Cerca di capire questo concetto. Ora non puoi più stare qui".

Sentendomi costretto a partire, scoppiai in lacrime, dispiaciuto per me stesso. Pochi giorni prima pensavo di essere uno *swami* perfetto; ora scoprivo di non esserlo affatto.

Andai a far visita al secondo *swami*. Egli sapeva che stavo per arrivare, pertanto lasciò alcune monete d'oro nei pressi della piccola fonte in cui si bagnava. Prima di incontrarlo, io trovai le monete d'oro, le raccolsi e le misi in tasca, ma subito dopo, pensai: *Queste monete non sono mie. Per quale ragione dovrei prenderle? Non sto praticando le regole monastiche degli swami*. Rimisi le monete esattamente dove le avevo trovate, ma quando raggiunsi lo *swami*, mi accorsi che era molto irritato. Mi inchinai davanti a lui che, scuro in volto, mi disse: "Perché hai preso le monete e le hai messe in tasca? Sei un ragazzo avido. Vattene. Non è questo il posto per te".

"Ma le ho rimesse subito a posto".

"Questo l'hai fatto dopo. Per quale ragione le hai prese, inizialmente, e le hai messe in tasca?"

Dopo un attento esame di coscienza, capii che avevo ancora molto da imparare sul mio lato nascosto.

Capitolo 12

GLI SCHEMI UTILI O DANNOSI DEL PENSIERO

Patanjali spiega che esistono cinque categorie di schemi cognitivi, o stati della mente. A loro volta, queste categorie sono suddivise in due tipologie – *klishta* e *aklishta* – ciò che aiuta e ciò che nuoce. Le cinque categorie sono: *pramana* (vera conoscenza), *viparyaya* (falsa conoscenza), *vikalpa* (fantasia), *nidra* (sonno) e *smriti* (memoria). Alcune sono utili, altre dannose. Supponiamo che un buon pensiero affiori nella vostra mente: *Vorrei meditare*. Questo è un pensiero utile. Poi sopraggiunge un secondo pensiero: *Preferirei dormire. A cosa mi serve meditare? Pigro! Ok. Sono giovane. Mediterò tra quindici o vent'anni, quando sarò più vecchio*. Ecco un pretesto. Imparate a riconoscere le forme-pensiero che vi aiutano e quelle che non vi aiutano e cercate di individuare i pensieri che sono causa di turbamento e quelli che, invece, vi aiutano a progredire.

La vera conoscenza è quella che allontana le tenebre dell'ignoranza. La vera conoscenza aiuta a conoscere la realtà in modo obiettivo e totale. Ecco un'altra definizione della vera conoscenza: se conosci soltanto una parte della tua mente, non sei padrone della vera conoscenza. *Vera conoscenza* significa "conoscere la mente nella sua totalità".

In sanscrito, la vera conoscenza è detta *promana* e si basa sull'evidenza dei fatti. Esistono tre diversi tipi di questa conoscenza: esperienza diretta; conoscenza derivata dalle scritture, o testimonianza; deduzione. Quando si vede un pennacchio di fumo, oltre le montagne, si può affermare che, da qualche parte, deve esistere anche il fuoco che lo produce, anche se non lo si vede. La conoscenza derivata da uno dei tre *pramana*, o evidenze, è definita vera conoscenza.

Come si riceve la vera conoscenza? L'esperienza diretta, la percezione diretta confermata dalle autorità delle scritture, è un esempio di *pramana*. Nel mondo degli oggetti, la vera conoscenza è sostenuta da una di queste tre evidenze. Evidenza diretta: io vedo una lavagna. Non ho bisogno di leggere le scritture per capire che questa è una lavagna, perché la percepisco direttamente. Non vi sono ostacoli alla mia percezione, quindi posso dire che è vera conoscenza. Se non posso provare che è una lavagna, se ho ancora dei dubbi, oppure se qualcuno mi confonde affermando che non è una lavagna, allora andrò a studiare quella parte delle scritture che mi aiuterà a sapere che sono di fronte a una lavagna e, inoltre, ne cercherò le caratteristiche. Dopo aver raccolto i vari tipi di evidenza, io saprò che si tratta di una lavagna nera. Questa è vera conoscenza.

Quando non vedi qualcosa nella sua giusta forma, e non sei in grado di dare a questa cosa un nome preciso, sei di fronte a un esempio di falsa conoscenza, o *viparyaya*. La falsa conoscenza non è sostenuta da prove. Supponiamo che io stia guidando un'auto nel deserto ed essendo assetato, a un certo punto veda una pozza d'acqua. Quando mi avvicino, scopro però che l'acqua era un miraggio: questa è falsa conoscenza. Il miraggio è un esempio di *viparyaya*. Nella mente esiste già una determinata sostanza, e a partire da quella sostanza si vede l'acqua. La conoscenza distorta è definita *viparyaya*. Molte persone non capiscono la differenza tra *viparyaya* e fantasia. Voi conoscete l'aspetto di un serpente. Supponiamo che, in una stanza buia, scambiate una corda per un serpente. Questa conoscenza è *viparyaya*. *Viparyaya* significa che, pur partendo da un substrato reale, l'oggetto è frutto di un'illusione. La fantasia, invece, è la creazione di una mente folle.

La differenza tra immaginazione e fantasia è molto sottile. Immaginazione significa visualizzare un'immagine interiore. Se io possiedo una piccola arpa, avrò la capacità di immaginarne una più grande e più melodiosa. L'immaginazione, in ogni caso, non può essere definita fantasia. Non è giusto condannare l'immaginazione in generale, perché l'immaginazione può essere anche creativa. Qual è la differenza tra immaginazione e fantasia? In che modo si crea un oggetto fantastico?

Voglio farvi un esempio. Ecco una fantasia: *Io sono arrabbiato con il Signore degli dei. Come devo agire? In che modo posso combattere? Non ho mezzi. Ho incontrato una donna sterile. Sono andato dal figlio di questa donna e gli ho chiesto di combattere per me. Lui si è preparato. Poi ho preso l'arco e le frecce fatte con le corna di un asino e ho consegnato tutto al ragazzo. Lui è volato via, attraversando i cieli e le galassie, sino a raggiungere il Signore degli dei. Dopo averlo ucciso, è tornato da me*. Questo è un esempio di pura fantasia. Una donna sterile non può avere un figlio. L'asino non ha corna, e le frecce di corna d'asino non possono esistere. Qui si parla di una donna sterile che ha un figlio che vola e uccide un dio. Questo significa fantasticare. La fantasia è una creazione della mente. Non ha collegamenti logici.

Sarebbe opportuno non lasciar volare la mente nel mondo della fantasia. Se permettiamo alla mente di fantasticare, si rischia di farlo diventare un'abitudine. Immaginazione e fantasia sono due prodotti di menti oziose. Io non ho tempo per fantasticare. Se volessi, potrei farlo anche meglio di voi, ma non ne ho il tempo. Ho una tale quantità di lavoro da svolgere che non so se riuscirò mai a completarlo. Talvolta non riesco nemmeno a dormire, o a mangiare, perché so di avere troppo lavoro da svolgere. Se decidete di stabilire un programma preciso da seguire per migliorare la vostra vita, non avrete più tempo per fantasticare. Non soltanto la mente dei giovani tende a fantasticare, ma anche quella di molte persone anziane. Queste attività mentali, *vritti*, non sono utili. Se non siete capaci di controllarle, anche il sonno e la memoria possono essere nocivi.

In verità, il sonno è uno degli stati della mente – veglia, sogno e sonno profondo. La filosofia spiega che il sonno non è una modulazione del sé pensante definito come *chitta*. Patanjali è molto pratico, e vuole aiutarvi a capire che, nel corso dell'apprendistato nell'arte di controllare le modificazioni della mente, dovreste anche imparare a controllare il sonno. Egli spiega che il termine *vritti* definisce tutto ciò che dovete imparare a controllare, e chiarisce che dovete accettare questa realtà per motivi pratici. Patanjali non afferma che lo stato di veglia può essere controllato, ma parla soprattutto del sonno. Ciò che è inerente all'ozio è definito sonno. Quando dormite profondamente non ricordate nulla perché durante il sonno è impossibile essere consapevoli. L'assenza di consapevolezza degli eventi esterni si deve al fatto che, durante il sonno, la mente conscia non funziona e quindi quando la mente non agisce, non si può percepire nulla, tant'è che durante il sonno la mente è priva di contenuti. Quando siamo assenti dal mondo dei fatti, e quando i sensi, che sono il tramite con il mondo esterno, sono inattivi, si potrebbe pensare che la mente stia operando internamente, tuttavia durante il sonno questo non accade. In esso la mente non è in contatto con la memoria. Nello stato tra la veglia e il sonno si tende a sonnecchiare, la mente cosciente inizia ad affievolirsi e gli oggetti appaiono vaghi e distorti.

Una volta, impaziente di scoprire il modo in cui sopraggiunge il sonno, mi concentrai a tal punto che non riuscii ad addormentarmi. Restai sveglio per tre giorni e tre notti, sperando di poter osservare l'istante in cui sarebbe arrivato il sonno, ma non venne mai.

Il sonno è paragonabile alla morte; in sanscrito uno dei termini che lo descrivono è *sahodari*, che significa "sorella della morte". Il sonno sopraggiunge come un sollievo alle fatiche della vita, similmente la morte dona un lungo riposo: la morte è un lungo sonno, e il sonno è una piccola morte. La differenza è che, la notte, si dorme per circa otto ore, mentre dopo la morte si dorme per cento ore, cento giorni, cento mesi, o cento anni. La morte è un riposo profondo e prolungato ma, mentre dopo aver dormito, uno si sveglia, dopo la morte ciò non accade.

Esistono quattro tipi di sonno: il primo è il cosiddetto sonno ordinario in cui si va a dormire quando si è molto stanchi, e ci si sveglia stanchi. Un buon riposo, un sonno ristoratore, rende il viso liscio e rilassato, ma al contrario, quando uno si alza la mattina, l'aspetto del volto induce a pensare che non si abbia dormito. Questo significa che il sonno non è stato profondo, e anche se si desiderava dormire, il sonno non è stato tranquillo. Chi turba il nostro sonno? Una parte di noi vorrebbe dormire, e l'altra ci tiene svegli.

Il secondo tipo di sonno è *shvan-nidra* (sonnellino del cane). È un tipo di sonno che si può apprendere facilmente. Provate a osservare le abitudini del cane. I cani non dormono mai: piuttosto fanno una serie di sonnellini. I cani sono soddisfatti perché durante i loro brevi ma profondi sonnellini, il loro cervello crea unicamente onde delta – un chiaro segno di sonno profondo. Se provate a svegliare un cane che si è appena addormentato, provocando un forte rumore, vi accorgerete che questi, appena sveglio, si guarderà intorno, poi riprenderà a dormire e a emettere onde delta. Anche gli umani possono imparare a praticare questo utilissimo tipo di sonno. Si può praticare anche per dieci o venti volte al giorno, rilassandosi e addormentandosi per un minuto soltanto.

Il terzo tipo di sonno, definito sonno senza sonno, è un profondo stato di meditazione, o *samadhi*. Ho incontrato alcune persone che affermano di non dormire mai. Non hanno bisogno di dormire. Dicono che se si conosce l'arte dell'azione rilassata, la tecnica che permette di riposare mentre si è attivi, non si ha più bisogno di dormire.

Di solito non è possibile controllare lo stato del sonno, tuttavia esiste una tecnica che consente di addormentarsi in modo volontario, ovunque e in qualsiasi momento. Questo è il quarto tipo di sonno, lo *yoga-nidra*, o sonno cosciente. Svegliandosi da un sonno ordinario, normalmente si sente di aver avuto un buon sonno grazie al fatto che non si è stati turbati da agenti esterni. Ma nello *yoga-nidra* è possibile dormire e simultaneamente godere del proprio sonno in modo cosciente.

Il sonno consapevole, o *yogico*, è il tipo di sonno più raffinato. Io ricordo di aver invidiato alcuni miei insegnanti che, pur lavorando alacremente, non dormivano più di due ore per notte. Questa è una tecnica che tutti possono apprendere: il punto non è la mente inconscia, ma la mente conscia. Se si riesce ad afferrare questo punto, si può arrivare a sperimentare uno stato di sonno cosciente mentre la mente riposa in modo cosciente. Questa pratica non richiede molto tempo, non è particolarmente difficile, e non è assolutamente necessario essere uno *swami* per impararla. Tutti dormono ogni giorno, ma nello *yoga-nidra* si può godere un sonno appagante e ristoratore, e si arriva anche a imparare come controllarlo poiché si decide se e quando dormire. Tuttavia, il momento del sonno deve essere separato dal momento della pratica di *yoga-nidra* e quindi, se si ha l'abitudine di andare a dormire a una determinata ora, non si dovrebbe utilizzare quel momento per praticare lo *yoga-nidra*. Questa tecnica la si apprende in un mese e poi potete anche insegnarla agli altri.

Un giorno, da giovane, dissi a me stesso: *Voglio esaminare questa tecnica per scoprire se le scritture dicono il vero e, se dicono il falso, dirò a tutti di smettere di raccontare storie che creano soltanto problemi*. Mi dedicai allo studio del metodo del sonno cosciente. Ora, se io dormo profondamente, e se qualcuno che mi è accanto parla in lingua ebraica, pur non conoscendo la lingua, quando mi sveglio sono in grado di ricordare tutto. Quando mi sveglio, dopo mezz'ora di sonno cosciente, sono in grado di ripetere esattamente tutto ciò che è stato detto nella stanza in cui dormivo, anzi, sono in grado di ricordare tutto quello che avviene durante il sonno profondo ancora meglio di quello che succede nello stato di veglia. Dopo essermi allenato a lungo, ho verificato la pratica con alcuni scienziati con l'intenzione di insegnarla ad altri[6].

6 Vedi Appendice A, Sonno.

Capitolo 13

IL POTENZIALE IMMENSO DELLA MENTE

Chi conosce il metodo che permette di controllare il sonno è uno yogi. Chi non è capace di dormire in modo cosciente, non lo è. Gli yogi praticano la tecnica dello *yoga-nidra* per esercitarsi nel controllo del sonno. Entrando in uno stato di meditazione, controllano consapevolmente l'attività della mente cosciente e si riposano perfettamente. Durante il sonno rimangono coscienti. Sono consapevoli delle circostanze che si svolgono intorno a loro. Questi yogi hanno la capacità di mantenere la loro consapevolezza a livello inconscio, mentre la mente cosciente lascia il corpo e cessa di funzionare. Anche quando decidono di lasciare il corpo, gli yogi praticano la tecnica dello *yoga-nidra* affinché la consapevolezza non li abbandoni. Durante il processo della morte, la mente cosciente cessa di funzionare e la mente inconscia subentra come il veicolo impiegato dall'anima per viaggiare nelle dimensioni più sottili. Ho personalmente visto alcuni yogi abbandonare il proprio corpo in piena consapevolezza. Ciò che essi sperimentano durante il processo della morte è identico all'esperienza del *samadhi*, ormai consolidata quotidianamente. Tramite il controllo e la conoscenza dell'arte del sonno, gli yogi possono controllare anche la cosiddetta morte.

Secondo la tradizione, la prima cosa che impariamo nei nostri monasteri è la tecnica della morte cosciente: come abbandonare il proprio corpo e rientrarvi con un atto di volontà. Per lo yogi, abbandonare il corpo è un'azione volontaria. Non è come la morte, dove la malattia sopraggiunge e si porta via il corpo. Noi non utilizziamo la parola *morte* per indicare il procedimento che ci permette di lasciare volontariamente il corpo, ma lo definiamo con il termine *maha-samadhi* (*maha* significa "grande"). È un atto volontario che lo yogi può compiere solo dopo aver raggiunto lo stato più elevato del *samadhi*. È una tecnica per imparare ad abbandonare il corpo, ma non tutti possono apprezzare questa realtà perché oggigiorno si preferisce costruire cliniche specializzate per celebrare l'evento della nascita e si accompagnano i morti con mestizia all'obitorio. Come la nascita avviene solo dopo una lunga preparazione, anche la morte avrebbe bisogno di un periodo di preparazione.

Lo yogi, consapevole che il corpo è solo un abito, quando ritiene che questo non sia più utile, lo abbandona in silenzio senza esitazione alcuna. In effetti, la sofferenza dell'umanità può scomparire solo se si comprende la realtà della nascita e della morte.

C'era una volta uno *swami*, di nome Vinaya Maharaj, che osservava il voto del silenzio. Lo *swami* era un grande Maestro, e anche un uomo molto pratico. Quando lo incontrai per la prima volta, avevo solo sedici anni, era inverno e lui si stava dirigendo, completamente nudo, verso l'Himalaya. Swamiji camminava tenendo sempre le dita della mano in una particolare posizione, e faceva dei gesti caratteristici che chiamiamo *mudra*. Io, che giungevo dalla direzione opposta, senza mai distaccare lo sguardo, mi fermai di fronte a lui e, dopo averlo salutato, domandai: "Che significato ha quel *mudra* della mano?"

Mi rispose: "Questo *mudra* significa che esiste un solo Assoluto, senza secondi. Questo gesto non è per me; è un promemoria per gli altri. Tutti i gesti che compi non sono per te; sono sempre per gli altri".

Immediatamente, provai un profondo amore per quel monaco. Ovunque andasse, il suo gesto lo accompagnava ovunque, persino quando si metteva seduto a meditare. Non possedeva nulla, nemmeno un recipiente per l'acqua, nemmeno un indumento. Passeggiava ogni giorno lungo le rive del Gange sempre da solo e completamente nudo.

Un giorno, mentre eravamo ad Allahabad, dove in quei giorni si svolgeva la festa del *Kumbha Mela*, egli mi annunciò: "Ti invito a essere testimone del mio *maha-samadhi*".
Poiché Vinaya Maharaj era un discepolo del mio Maestro, gli domandai: "Devo preparare qualcosa?"
Egli rispose: "Vorrei offrirti la possibilità di verificare che io non sono turbato da alcun evento esterno. Precisamente alle 4:30 di domattina, io sarò in *maha-samadhi* e tu potrai registrare l'evento per gli altri studenti".

La nostra tradizione impone che ci siano almeno cinque testimoni presenti al fine di accertare un *maha-samadhi* e in seguito i loro nomi e il resoconto dei fatti sono registrati nelle scritture del monastero. Alle 3:30 del mattino mi recai nel luogo prestabilito in compagnia di altre quattro persone. Il monaco iniziò a spiegarci alcuni aspetti del *Vedanta* e degli *Yoga-Sutra* e poi rispose alle nostre domande con profondo intuito e buon umore, senza mai manifestare alcun segno che stava per lasciare il corpo. Ciò nonostante, come preannunciato, alle 4:30 precise, ci disse: "Vi auguro buona fortuna. Possiate tutti

gioire dello stato più elevato e, un giorno, seguire il mio stesso cammino. Om".
Vinaya Maharaj lasciò il corpo, proprio come ci si sfila un abito ormai logoro che non desideriamo più indossare. I misteri della morte e della nascita sono rivelati a pochi fortunati, e quel monaco era una di queste grandi anime.

Il sonno profondo è diverso dal sonno in cui si sogna, lo stadio intermedio tra la veglia e il sonno profondo. È come un passaggio che consente di raggiungere uno stato di riposo più completo, chiamato sonno profondo. Nel periodo di sonno in cui ancora si sogna, la mente cosciente è a riposo e alcuni concetti provenienti dal mondo degli oggetti possono mescolarsi con le suggestioni provenienti dal mondo inconscio. Io ho studiato e fatto una lunga ricerca sulla mente e sui sogni, analizzandoli sotto ogni punto di vista, perché volevo imparare ad aiutare gli altri.

Lo stato di sonno può essere pilotato, ma i sogni no. Se oggi decidete di voler sognare la persona che amate, probabilmente non accadrà, anzi, forse non sarete capaci neppure ad addormentarvi, e se non ci riuscite, non è possibile sognare. Provate a fare un esperimento: innanzitutto, pensate intensamente alla persona che amate, poi impegnatevi in un'altra attività. L'impressione che avete riposto nell'inconscio può tornare in superficie sotto forma di sogno, ma se siete perennemente consapevoli di qualcosa, non potete sognarla.

Grazie all'interpretazione dei sogni sarebbe possibile scoprire alcune informazioni sull'esistenza, ma poiché nella mente inconscia sono registrate milioni di impressioni, un giorno si sogna una cosa, e il giorno dopo se ne sogna un'altra. Non è necessario sapere perché si fanno certi sogni e non possiamo neppure classificarli tutti. Ci può capitare di sognare un'impressione proveniente dalla parte latente della mente inconscia oppure si può avere un sogno profetico, altre volte un sogno di altra natura, o fare un sogno ricorrente causato dalle paure e dalle ansie.

Poiché in certi soggetti il sogno funge da valvola di sfogo, per certe menti malate sognare è importante, ma non lo è per quelle sane. Se a queste persone fosse concessa un'assoluta libertà di azione, nel mondo regnerebbe il caos, quindi è meglio che questi soggetti sfoghino le proprie emozioni pericolose attraverso i sogni. Invece è giusto che una persona sana, che ha compreso la natura dei tre stati, quello di veglia, di sogno e sonno profondo, consideri l'analizzare i sogni come una perdita di tempo. Il sogno non è sonno. Lo stato di sogno serve anche a facilitare l'espressione delle emozioni represse, quelle che non sono state integrate nella vita quotidiana. A me capita molto raramente di sognare perché dormo poco. Ho già poco tempo per fare ciò che devo fare, quindi non ho tempo per sognare.

Il sogno può rivelare alcuni lati della nostra personalità nascosta, i desideri più reconditi che, non potendo essere appagati durante lo stato di veglia, tentano di tradursi in realtà nei sogni. I sogni espongono la qualità dei pensieri più reconditi, dei lati più intimi del carattere di una persona, e il suo passato. Analizzando i sogni è possibile sondare uno dei livelli della natura di una persona, ma è possibile vivere le fantasie del mondo onirico anche nello stato di veglia e aiutare se stessi osservando attentamente il processo naturale del pensiero. Alcuni sogni sono facili da ricordare, altri meno. I sogni che si è in grado di ricordare talvolta sono proprio quelli provocati da una cattiva digestione o dalla cattiva abitudine di mangiare troppo prima di andare a dormire.

È possibile aiutare una persona mentre dorme, quando la mente conscia è nel sonno profondo. Per esempio, se avete dei problemi con il partner, o se ritenete che soffra a causa di alcuni problemi emotivi irrisolti, potreste provare a parlargli mentre dorme.

Scoprirete che è in grado di ricevere ogni messaggio. Addirittura, durante il sonno è possibile comunicare con persone che si trovano lontane, o influenzare i sogni di persone lontane, ma per riuscirvi è necessario essere pienamente coscienti. Ho compiuto numerosi esperimenti sui sogni e sono arrivato alla conclusione che determinate circostanze possono verificarsi soltanto con le persone che si conoscono, e mai con gli estranei. Il metodo non funziona quando l'altra persona è consapevole, ma ha successo quando dorme perché quando la mente conscia è tranquilla, si possono inviare e far recepire alcune forme-pensiero. Se provate ad alzarvi alle due del mattino, e iniziate a inviare alcune forme pensiero a qualcuno che dorme, inizialmente il suo sonno ne sarà turbato, ma se continuate, il destinatario avrà un sogno.

Io non insegno queste cose basandomi su ciò che ho letto nei libri di altre persone; io insegno in base alla mia esperienza personale e alla conoscenza delle scritture tramandateci da saggi che hanno prima messo in pratica ciò che insegnano.

È stato dimostrato che è possibile imparare anche durante lo stato di sonno. Quando i bambini dormono profondamente e la loro mente conscia è calma, è possibile inviare loro forme-pensiero educative. I bambini che sono mentalmente ritardati, e in modo particolare quelli la cui mente conscia non è stata addestrata a comunicare con la mente inconscia, possono ricevere questo tipo di aiuto durante il sonno. A questo proposito, nel *Mahabharata* si riporta questo episodio:

—•—•—•—

> Arjuna, il famoso guerriero della battaglia del Mahabharata, era sposato. Quando sua moglie era incinta, Arjuna era solito rientrare dal campo di battaglia per tenerle compagnia e le descriveva le tecniche utilizzate in battaglia. Sua moglie, tuttavia, non era interessata ad ascoltare i suoi discorsi, ma Arjuna insisteva: "Ascolta. Mentre ti rac-

conto queste cose, il nostro bambino riceve un'educazione. Per favore, ascoltami. Ti racconto le tecniche da usare in combattimento affinché mio figlio le impari".

La moglie gli chiese: "Com'è possibile?"

Arjuna rispose: "Prendi nota di quanto ti racconto". Arjuna descrisse una tecnica di formazione impiegata per respingere l'attacco del nemico. Durante la spiegazione di questa tattica, che permetteva di distruggere la fortezza del nemico, la moglie si addormentò, pertanto Arjuna non poté completare la descrizione. Abhimanyu, il figlio di Arjuna, già all'età di dodici anni era in grado di suggerire alcune tecniche militari per vincere il nemico. Egli possedeva queste informazioni in virtù dei samskara sottili che aveva accolto mentre era ancora nel grembo della madre.

È possibile educare il proprio bambino sin dal primo giorno della gravidanza. Quando si è in attesa di un figlio, sarebbe meglio evitare di pensare in modo negativo, di essere depresse, o sperimentare emozioni troppo forti, perché tutti questi stati d'animo si riflettono sul bimbo. Esiste un metodo preciso per iniziare a educare un bambino sin dal grembo della madre.

—•—•—•—

Smritayah significa "memoria". È importante comprendere il processo della memoria e come si formino i ricordi. Per prima cosa, si vede un oggetto. Attraverso il contatto tra l'oggetto e il senso della vista, si riceve una sensazione. L'oggetto toccato dalla vista provoca una particolare sensazione che attraversa il nervo ottico per poi raggiungere il cervello. La mente conscia riceve la sensazione e, dopo averla filtrata, la lascia depositare nell'inconscio. La sua rievocazione è possibile grazie al fatto che si trova nel magazzino della memoria. Per fare un esempio, quando i miei occhi vi vedono, significa che la sensazione è stata ricevuta. Questa sensazione molto potente contiene tutte le informazioni e i dettagli che vi riguardano. Quando vi vedo, il nervo ottico trasporta l'impressione al cervello attraverso i canali del sistema nervoso. La sensazione originale ha una forma, e l'impressione delle vostre forme, che io percepisco attraverso i sensi, si colloca nella mente conscia; da lì filtra nel mio inconscio, dove si deposita nel magazzino dei ricordi. Se il sistema nervoso non opera perfettamente, io non sarò in grado di memorizzare le vostre forme. Nel momento in cui vi rivedo, dopo un certo periodo di tempo, io ricordo di avervi già visto, perché l'impressione si è registrata nella mente inconscia. Tutte le forme pensiero vanno a depositarsi nell'inconscio. Se voglio rievocare una sensazione, conoscendo il metodo per farla riaffiorare alla memoria, io potrei descrivervi esattamente come eravate vestiti o come eravate seduti in una determinata circostanza.

La memoria può essere classificata come utile o inutile. In certe circostanze memorizziamo cose assolutamente inutili. Ripetete il *mantra*, ma la mente continua a ripetere la canzone di un film molto noto. Se non sapete esercitare il controllo della memoria, non potete usufruirne nel momento del bisogno. In ogni caso non dovreste mai fare affermazioni come: "Ho un'amica, ma non ricordo come si chiama". Oppure: "Ho letto questo libro, ma non ne ricordo il contenuto". "Mi è passato per la mente proprio l'altro giorno, ma ora l'ho dimenticato". Talvolta, studiate per un anno intero e, quando arriva il momento degli esami finali, scoprite che la memoria non vi è di sostegno. La mente cosciente, la parte della mente che si utilizza nella vita quotidiana, è sempre molto indaffarata. Talvolta vi capita di nascondere consapevolmente un oggetto in un determinato luogo, e poi ve lo dimenticate, perché in quell'istante la mente crede che l'oggetto non sia importante, ma al momento in cui vi serve proprio quel particolare oggetto, entrate in uno stato di tensione e di confusione tale da bloccare la memoria.

Supponiamo che abbiate perso di vista le chiavi di casa. Se vi preoccupate, e per cercarle accelerate l'attività della mente, molto probabilmente non ricorderete dove le avete messe. Sforzandovi di ricordare dove avete messo le chiavi, combattete contro voi stessi, e costringete la mente a compiere uno sforzo erculeo che rischia di confonderla ulteriormente, facendovi perdere il contatto con il deposito della memoria. Quando sottoponete la mente a uno sforzo eccessivo, non le consentite di fluire spontaneamente verso la mente conscia. Soltanto rilassandovi riuscirete a ricordare dove avete messo le chiavi. Quando vi trovate a vivere una situazione analoga, può accadere che qualcuno vi dica: "Rilassati. Le troveremo". Poi andate in bagno, e improvvisamente vi ricordate dove avete messo le chiavi. Gran parte delle cose che si dimenticano, si ricordano in bagno! Questo non significa che il bagno è il luogo migliore per la memoria, ma che lì è più facile rilassarsi, perché in quel momento la mente è presa dalla necessità di eliminare le scorie dall'organismo. Le tossine accumulate nel corpo possono anche alterare la memoria. Più tossine si eliminano, più sarete rilassati e migliore sarà la qualità della memoria. Il metodo migliore per conoscere è sapere. Non dovete combattere contro voi stessi. Concentrazione non significa fatica. Seguendo il metodo con attenzione, imparerete facilmente a concentrarvi. Non siete capaci di concentrarvi perché siete confusi e impreparati. L'arduo tentativo di concentrarvi vi rende ancora più confusi e affaticati.

Le cose che si dimenticano sono le più superficiali, mentre le impressioni profonde, i *samskara*, non si dimenticano mai. Conoscete dieci lingue, ma qual è la vostra lingua madre? Forse sapete leggere, parlare e scrivere perfettamente dieci lingue, ma la vostra vera lingua è quella che usate nei sogni.

Qual è la causa della perdita di memoria? Nella vita terrena, l'uomo attraversa due infanzie. Nella prima infanzia, il processo di apprendimento è facile. Se dovessi affrontare oggi l'esame di maturità, so che non potrei superarlo. Troverei molto difficile studiare materie come l'algebra e la geometria. Persino alcuni professori fallirebbero se dovessero affrontare oggi l'esame di maturità. La seconda giovinezza si chiama vecchiaia. Questa seconda infanzia è piena di follie. Quando la mente inizia a preoccuparsi, significa che ha bisogno di disimparare. Nella prima infanzia è necessario apprendere, invece nella seconda è indispensabile disimparare. La peculiarità della mente degli adulti è il costante preoccuparsi, che fa perdere il contatto con la memoria. La loro mente è talmente preoccupata da dimenticare persino ciò che voleva sapere. Al contrario, proprio perché la mente del bambino non accoglie preoccupazioni, la sua memoria risulta ferrea.

Memoria significa "interesse", perciò non appena si perde interesse per una vicenda, o per una persona, è facile dimenticarla. Non preoccupandovi e lasciando andare le ansie, la memoria torna subito. Cercate di imparare a organizzare e a comprendere come funziona la mente se volete massimizzarne l'utilizzo e fare tutto con efficienza.

La memoria è diversa dalla reminescenza. Tutte le volte che voglio ricordarmi di voi, io posso rievocarvi dal mio inconscio. La reminescenza dei pensieri è il ricordo, non la memoria. Conoscere significa consentire alla memoria di scorrere verso la mente conscia. Esistono molti metodi per migliorare la memoria e si possono rievocare le impressioni depositate ogni volta che si desidera: quando si impara a controllare la memoria, non si dimentica più nulla. Esiste un procedimento per fortificare la memoria, un semplice esercizio che vorrei insegnarvi[7].

Esiste anche un altro metodo che si chiama visualizzazione[8].

---

7 Vedi Appendice B, Esercizio per migliorare la memoria.

8 Vedi Appendice B, Esercizio di visualizzazione per migliorare la memoria.

Capitolo 14

LA NATURA DELL'UOMO È PACE, FELICITÀ E GIOIA

Perché aspirare a guadagnarsi il paradiso dopo la morte se il regno di Dio è dentro di noi? Cercate piuttosto di trovare il regno della pace qui e ora, dentro di voi. Potrete riuscirvi quando, dopo aver compreso i vari aspetti di *chitta*, avrete imparato a disciplinare voi stessi. Il terzo *sutra* afferma: *tada drashtuh sva-rupevasthanam*. Quando avrete conseguito il controllo della mente e delle sue modificazioni, esisterete come saggi o veggenti e sperimenterete costantemente la vostra natura intrinseca. A questo punto non sarete più studenti che devono praticare delle discipline ma veri saggi. I veggenti sono coloro che vedono le cose come sono e non si lasciano coinvolgere dalla realtà che osservano. Chi ha una visione chiara non si identifica con gli oggetti della mente, non è turbato dagli stimoli esterni, dalle seduzioni e dalle tentazioni del mondo: è semplicemente testimone degli eventi.

Per esempio, se il vicino di casa muore, andrete a trovare i suoi familiari e, in segno di solidarietà, vi metterete a piangere con loro, mostrandovi solidali, ma interiormente non sarete turbati dalla morte perché ne conoscete il significato. Le persone confuse si identificano con gli oggetti del mondo, invece voi saprete vedere gli oggetti del mondo così come sono e, pur godendo di essi, rimarrete immersi nella vostra vera natura.

Siete consapevoli della vostra vera natura? Io sono il figlio del tal-dei-tali e ho vissuto con un Maestro sulle montagne dell'Himalaya. È forse questa la mia vera natura? Il mio corpo e il mio viso hanno determinate caratteristiche e mi chiamano Swami Rama, ciò nonostante questa non è la mia vera natura. Da neonato, il mio corpo era esile, ma ora è cambiato, sono andato a scuola, e anche questo periodo è cambiato. Sono stato un uomo giovane, ma anche questo stadio della vita è cambiato. Sono invecchiato, eppure anche questo sta cambiando. In sintesi, la mia natura essenziale non può essere il corpo.

Natura essenziale significa "ciò che non muore", infatti essa è sempre uguale a sé stessa, perché trascende il corpo, il respiro, i sensi e la mente. Chi è consapevole di non essere il corpo, è un veggente. Dopo aver imparato a non identificarsi con il corpo, il respiro, i sensi e la mente, il saggio si stabilisce in modo permanente nella sua natura essenziale costituita unicamente di pace e gioia.

Patanjali sostiene che la parte della mente che si chiama *chitta* è ciò che si frappone tra noi e la Realtà e pertanto è importante controllare la mente, perché senza il suo controllo è inevitabile identificarsi con gli oggetti dei sensi, mentre l'unica identificazione reale, invece, è quella con il Sé superiore.

Nirodhah significa controllare e dirigere in modo consapevole una mente sempre distratta. La comprensione della mente individuale e delle sue modificazioni consente di scoprire che essa ha due tipi di potere: uno esercita un influsso negativo, e crea ostacoli al progresso individuale; l'altro aiuta a eliminare gli ostacoli. Entrambi i potenziali sono a vostra disposizione se imparate a concentrare la mente, un potente strumento. Come padroni della vostra mente, avete l'obbligo di imparare a utilizzarla. Se la mente è padrona del vostro corpo, significa che appartenete alla mente. Analizzate anche il potere dei sensi oltre a quello della mente. Una mente controllata non crea ostacoli e quando non esistono, il centro della coscienza si svela. Una mente canalizzata verso la consapevolezza centrale della coscienza è in grado di sondare innumerevoli livelli. Quando si opera al livello dei sensi, il dolore fisico non è tollerabile, se invece si passa in un'altra dimensione, si scopre che la percezione del dolore cambia. Infatti si può sperimentare che esiste un livello di coscienza dove la percezione del dolore è relativa. Esiste un livello di coscienza dove si vedono le cose così come sono, non come si vorrebbe vederle. Forse qualcuno di voi pensa che esistano persone buone e persone cattive, senza tenere conto che ogni individuo è unico nel suo genere, e quindi non può essere paragonato a nessun altro: ogni essere vivente è di una bellezza unica. Quando si apre l'occhio interiore, le cose appaiono esattamente come sono: perfette. Non esiste niente di brutto, anzi la bruttezza è solo negli occhi dell'osservatore, ed è causata da un particolare pensiero, o da un determinato desiderio. In genere si vedono le cose come si vogliono vedere, non come sono veramente, invece esiste un livello di coscienza caratterizzato dalla chiarezza mentale, dove ogni cosa appare come è esattamente. Forti di tale consapevolezza, si vedranno due persone, ma si percepirà solo l'essenza che le accomuna. Quando sarete consapevoli della coscienza universale, non riuscirete a odiare o biasimare nessuno. Esiste un livello di coscienza ancora più elevato che si manifesta quando lo stato di unione con la Realtà diventa permanente: questo livello corrisponde alla liberazione. Per raggiungere questo livello di coscienza si deve innanzitutto essere liberi dalle paure e dal concetto che fa presumere di essere separati dalla totalità. In questo modo si possono sondare i vari livelli della coscienza, procedendo sino a diventare tutt'uno con la realtà ultima.

Grazie allo studio del potere degli stati di coscienza più profondi, si scopre che la sorgente più elevata della coscienza è quella originale, la sorgente cosmica. Noi siamo paragonabili alle infinite increspature sull'oceano di beatitudine chiamato *Brahman*, il *summum bonum*, la sorgente della forza vitale, l'origine delle onde che, increspandone la superficie, nascono, si sollevano, giocano e infine si placano. Il massimo è identificarsi con la sorgente originale della luce e della vita.

La vita è come una ruota che gira intorno a un perno centrale immobile. Come la ruota, anche noi portiamo il nostro perno centrale ovunque si vada, ma esso rimane immobile. È possibile classificare e definire questo nostro misterioso perno centrale che si muove, e simultaneamente non si muove? Il perno centrale è all'origine ed è la causa di tutti i movimenti, pur restando immobile. Non è possibile studiare ciò che si muove perché ciò che si muove non è eterno, non è la Verità. Il corpo, i sensi e la mente si muovono, pertanto non sono la parte immortale del Sé, solo ciò che è immobile è eterno. Nel profondo dell'essere esiste un centro della coscienza che non muta, che non è soggetto al cambiamento e alla morte; è indistruttibile. La nostra natura essenziale è il centro della coscienza interiore.

Ora come ora, tutti voi avete una coscienza, ma non essendo molto elevata, non siete consapevoli della vostra vera natura, ma solo del corpo. Nonostante ciò non potete affermare di non possedere una consapevolezza, perché avete quella della vostra individualità. Quando proiettate voi stessi, e dite: *Questo sono io, questo non sono io*, avete un determinato grado di consapevolezza, comunque molto limitata. Siete forse consapevoli di tutti i livelli del vostro essere e del centro da cui sorgono i vari stadi della coscienza? Questa è la perfetta consapevolezza. Se non trovate il centro interiore, non potete essere spiritualmente consapevoli e, quindi, non avete la possibilità di raggiungere l'illuminazione. È necessario essere determinati a voler conoscere tutti i livelli dell'esistenza, e realizzarvi qui e ora.

Senza comprendere la totalità dell'essere non si può raggiungere la sorgente suprema della vita e della luce, il centro della coscienza interiore che consente la consapevolezza della transitorietà del mondo fenomenico. Ciò che sembra reale, non lo è e non corrisponde alla Verità: *Verità Assoluta* significa "ciò che non è soggetto al cambiamento, ciò che non ha causa, che non è mai nato e che non muore". L'uomo è una creatura perfetta ma incompleta, ciò nondimeno ha in sé la capacità di conseguire la saggezza, di raggiungere la sorgente della vita e della luce che dona libertà dalla paura e dalla sofferenza. L'essere umano dipende eccessivamente dagli dei, e non dipende da Dio. Dio è dentro di voi: siete esseri umani e al tempo stesso Dio, perché Dio è in voi. L'uomo ha tre nature – quella animale, umana e divina. Da questo punto di vista, l'uomo è completo: quando si identifica con la natura umana, diventa umano e quando è consapevole dell'energia divina, diventa divino. Dato che in realtà siete alla ricerca di qualcosa che è già in voi, guardatevi dentro, seguendo un approccio diretto e non cercate Dio all'esterno. Dio è già in voi. Scoprendo questa verità, la vita si trasforma completamente. La percezione dell'esistenza individuale svanisce e voi percepite unicamente la presenza di Dio dentro di voi. L'uomo è un tempio vivente: Dio cammina con voi e osserva ogni vostra azione. Tutte le grandi religioni continuano a ripetere che la creatura umana è la creazione più bella di Dio. Tutte le scritture affermano che Dio è onnipresente, onnisciente e onnipotente.

Dove siete? Che senso ha affermare la separazione della vostra esistenza da quella degli altri, e sostenere di possedere un determinato oggetto? Sarete liberi nel momento in cui scoprirete che la vostra vita non esiste come entità separata, perché esiste solo Dio. Ognuno di voi ha un determinato livello di consapevolezza, un potenziale infinito e avete tutti i mezzi per realizzare il Sé. È necessario realizzare la gloria infinita che si cela nel profondo dell'essere, consapevoli che gli ostacoli sono solo una creazione della mente.

Patanjali raccomanda di tornare a casa, ovvero di imparare a stabilirsi nella propria natura essenziale esercitando il controllo della mente. Il tema centrale degli *Yoga-Sutra* è imparare a controllare i vari stati della mente. Quando si raggiunge il perfetto controllo della mente, siamo in grado di conseguire il livello più alto della coscienza, il *samadhi*. Grazie al controllo della mente e delle sue modificazioni, è possibile restare centrati nella propria natura essenziale di pace, felicità e gioia. Immersi nella natura essenziale, si è finalmente liberi dalla sofferenza, pronti a conseguire la gioia della pace suprema dello stato di illuminazione del *samadhi*.

Di tanto in tanto vi chiedete come potreste raggiungere il *samadhi*, ma dopo qualche istante decidete di non esserne capaci, e abbandonate ogni tentativo. Ritenete di non poter diventare *yogi* perché credete di dover rinunciare al mondo. Patanjali non ha mai detto questo. Indipendentemente dal cammino che avete scelto – il sentiero della *bhakti*, della preghiera, o della buona condotta nel mondo esterno – dovrete innanzitutto imparare a conoscere i vari stati della mente.

Senza il controllo degli stati mentali, consci e inconsci, non è possibile raggiungere il *samadhi*. Prima di affermare di non riuscire a controllare la mente inconscia, dovreste almeno provare a utilizzare bene la mente conscia con una pratica adeguata, e non attraverso la filosofia. Innanzitutto, dovete comprendere il metodo che permette di controllare l'agitazione che tormenta la mente conscia; in caso contrario non potrete conoscere la parte più nascosta che risiede nell'inconscio, la parte ignota della mente. Non appena diventate consapevoli della mente, delle sue qualità e del suo modo di operare, non appena comprendete la differenza tra mente conscia e mente inconscia, siete pronti a comprendere e a controllare anche quella inconscia.

Sbagliate a pensare che controllare la mente sia impossibile, troppo difficile, o inutile. Non rimandate questo compito alla prossima vita e non cedete alla tentazione di pensare che non siate in grado di controllare la mente, solo perché milioni di altre persone non sanno farlo. Non pensatelo neppure lontanamente! Pensate, invece, che potete farlo. Non arrendetevi e non scoraggiatevi: vi garantisco che la mente può essere controllata, anzi avete tutti mezzi per diventare padroni della mente, se desiderate utilizzarla per raggiungere lo stato più elevato del *samadhi*. Persino le azioni più virtuose sono vane se la mente non è in pace. Patanjali offre un metodo preciso per raggiungere lo stato supremo. Se desiderate realizzarvi in ogni campo, è sufficiente imparare una sola cosa: controllare la mente e le sue modificazioni, e comprendere come funziona. Chi conosce la propria natura essenziale è un saggio, chi non acquisisce questa conoscenza, invece, soffre a causa della sua ignoranza: infatti quando non siete consapevoli della Realtà, create da soli le vostre tenebre.

Capitolo 15

L'IDENTIFICAZIONE CON GLI OGGETTI DEL MONDO CAUSA L'OBLIO DELLA NOSTRA VERA NATURA

Il quarto *sutra* afferma: *vritti-sarupyam itaratra*. La perpetua identificazione con gli oggetti del mondo è la causa della sofferenza. Se non avete una conoscenza profonda e siete infelici, è dovuto al fatto che vi identificate con gli oggetti del mondo e con le vostre forme-pensiero. Identificandovi con gli oggetti del mondo, diventate confusi, dimenticate la vostra vera natura e non esercitate alcun controllo sulla mente. Immersi nella confusione, sarete sopraffatti dalla tristezza.

Per quale ragione non dovreste identificarvi con gli oggetti del mondo? Se vi identificate con una lavagna, diventerete indolenti, privi di vita. L'identificazione con gli oggetti causa sempre sofferenza.

La conoscenza che avete dentro voi stessi è limitata a quella del corpo. Vi identificate con il corpo, ma non *siete* il corpo anche se ne possedete uno. Dalla mattina alla sera utilizzate tutte le vostre risorse per prendervi cura del corpo. Indipendentemente dalla quantità di cure rivolte al corpo, il risultato sarà sempre la morte, quindi non è giusto concentrarsi solo sul corpo spinti dall'attaccamento; curatelo con la consapevolezza come uno strumento utile, sempre restando consapevoli di non essere il corpo.

Alla radice dell'infelicità c'è l'identificazione con gli oggetti del mondo e con gli schemi mentali che equivale all'oblio della propria vera natura. L'individuo inconsapevole si identifica con le onde di pensiero del passato. *Com'ero infelice nel 1965, quando vivevo in India. Com'ero infelice, in quel periodo.* Sei felice, ora? Se pensate in continuazione al diavolo, se create la sua immagine e la rinforzate, nutrendo infinite fantasticherie, presto o tardi vi identificherete con il diavolo. Ogni giorno create determinate immagini nella vostra mente. *Io sono debole. Io sono debole. Io sono debole.* Mantenendo sempre acceso questo tipo di *biofeedback*, andate incontro alla vostra rovina. Diventate ciò che pensate, sentite e capite. Vi identificate con i pensieri e continuate a offrire a voi stessi le medesime suggestioni. *Io sono cattivo. Non servo a nulla. Sono brutto. Nessuno mi ama. Tutti mi odiano.* Se nessuno vi ama, non significa che tutti vi odiano. *No. Tutti mi odiano. Tutti mi guardano. Tutti mi giudicano.* E voi continuate a identificarvi con i vostri schemi mentali. *Io sono altruista. Io sono egoista. Io sono brutto. Io sono bello.* Avete dimenticato la vostra vera natura e siete tormentati da una serie di schemi mentali obsoleti. Quando questa condizione mette radici, può trasformarsi in una malattia.

—•—•—•—

> Una volta, volendo prendere in esame il potere della suggestione, il mio Maestro decise di fare un esperimento su di me e, per vedere come avrei reagito, chiese a uno dei monaci di dirmi spesso che ero un ragazzo cattivo.
> Un vecchio *swami* mi si avvicinava ogni tanto e mi diceva con enfasi: "Sei un ragazzo cattivo". Ogni volta mi sentivo cattivo, anche se non avevo fatto nulla di male! Certo, ero vivace, ma non avevo fatto nulla. Un giorno gli dissi: "*Swamiji*, io non ho fatto nulla. Io ti rispetto. Rispetto tutti e lavoro anche per voi. Per quale ragione mi dici che sono cattivo?"
> Un altro *swami* era stato addestrato a dirmi: "Non ascoltarlo; sei un bravo ragazzo".

Ad un certo punto mi rivolsi al Maestro: "Non capisco perché uno *swami* mi dice che sono cattivo, e un altro mi dice che sono bravo".
"Sei uno sciocco! Sono stato io a dire agli *swami* di offrirti questi suggerimenti. Quando ti dicono che sei cattivo, tu accetti di essere cattivo, e quando un altro monaco ti dice che sei buono, accetti anche questo. Tu non sei né buono, né cattivo; sei solo stupido!"
"Che devo fare?"
"Non accettare suggerimenti. Impara a giudicare da te se sei buono o cattivo. A causa delle tue azioni cattive, quelle che non devi compiere, tu sei cattivo. In virtù delle tue buone azioni, tu sei già buono".
Cerca di osservare la tua dipendenza dai suggerimenti degli altri. Se qualcuno ti dice "sei cattivo", tu ti senti offeso. Se qualcuno ti dice "sei molto buono", ti senti felice. Tutti vogliono essere lodati. Anche gli *swami*.

Se si dovesse pensare e vivere nel mondo seguendo i dettami degli altri, non si potrebbe sopravvivere. È bene non preoccuparsi di ciò che si oppone a noi. Più si incontra opposizione, più il sentiero è chiaro. Non si deve reagire, piuttosto imparare a costruire un'opinione di se stessi, e osservare il progresso. Si deve essere forti. Non si sopravvive se si accettano i suggerimenti del mondo.

Cercate di osservare il modo in cui gli altri esprimono un'opinione su di voi, e il modo in cui esprimete un'opinione su voi stessi. Troppe opinioni altrui fanno scoppiare la mente. La mente è debole; non è educata ad accettare doni. Quando, per esempio, qualcuno vi dice che siete generosi, o egoisti, sta offrendo un dono alla mente. Comunque sia il dono, dovete imparare a filtrare l'evento. Accettando tutto quello che vi dicono gli altri, trasformate la mente in un centro di raccolta rifiuti.

Il Buddha era il figlio unico di un re. Pur essendo nato in una famiglia reale, decise di rinunciare a ogni cosa, e iniziò a mendicare. Fece questo per uccidere l'ego, per domarlo e purificarlo. Domare l'ego è molto arduo. Se io vi ordino di mendicare, voi non ne sarete capaci. Ananda, il primo discepolo del Buddha, si recò con il Maestro a mendicare con una ciotola in mano nella città di Rajgiri, nel Bihar. "*Biksham, biksham dehi*". In India, se qualcuno si presenta alla tua porta chiedendo l'elemosina, è usanza offrire sempre qualcosa. Un giorno, una donna aprì la porta e disse: "Ne ho abbastanza di questi mendicanti. La città è piena di mendicanti".

La donna, che era molto stanca, andò in collera e disse: "Tutto ciò che cucino per la mia famiglia e per me stessa mi è sottratto da questi straccioni. Non ho più nulla da dare. Ne ho abbastanza di questa gente!"

A quel tempo, tutti volevano seguire e imitare il Buddha, ed effettivamente la città iniziava a pullulare di mendicanti. La donna non aveva più nulla da dare, perché aveva già dato tutto ciò che possedeva. In quel momento, suo figlio era intento a evacuare e allora ne prese una cucchiaiata e disse: "Ecco, Buddha, tu meriti questo. Vieni a prenderlo. Non ho altro da offrire".

Ananda perse il controllo: "Come osi parlare in questo modo al mio Signore, l'Illuminato? Poiché lo hai insultato, io ti maledico e spero tu finisca all'inferno!"

Nel frattempo, il Buddha, impassibile, osservava la donna. "Non parlare in questo modo. Se questa donna vuole offrirmi qualcosa, sarò io a decidere se accettare o rifiutare il suo dono". E, sempre con tono gentile, aggiunse: "Madre, tieni questo dono per te. Io non ne ho bisogno".

Poi si rivolse ad Ananda, e disse: "Ananda, perché hai augurato a questa donna di andare all'inferno? Chiunque perda il controllo, come hai fatto tu, non ha alcun potere di maledire. Non hai fatto altro che mettere in mostra il tuo ego. Da ora in poi non sarai più un mio discepolo. Se qualcuno vuole offrirti qualcosa, e tu non la vuoi, ignora questa persona, e basta. Perché ti preoccupi? Se qualcuno ti parla usando modi bruschi, tu non hai motivo di andare in collera. Ma tu sei debole e reagisci facilmente alle provocazioni. Impara a non farti turbare da nessuno e non piegarti davanti alla forza negativa di nessuno. Chi è capace di turbarti si dimostra più forte di te".

Ananda replicò: "Maestro, tu sei il mio Signore. Io non posso tollerare un insulto simile".

"Io non mi sono sentito offeso. Se non gradisci un dono, non devi fare altro che rifiutarlo".

Anche voi dovreste tentare di coltivare questo stesso atteggiamento. Anche se vi offendete quando qualcuno vi dice una cosa spiacevole, rifiutatela semplicemente, senza reagire. Invece di lasciarvi influenzare dalle opinioni altrui, analizzatevi e restate spettatori senza dare peso a chi vi dice che siete stupidi o geniali. Reagire rattristandovi o inorgogliendovi, significa essere deboli! Le suggestioni provocate dalle opinioni altrui non sono concrete e pertanto non dovreste dar loro peso. Se vi lodano, sorridete, se vi criticano, vi risentite perché siete talmente insicuri che vorreste essere sempre ammirati, ma questo è un segno di grande insicurezza. Sarebbe una gran cosa se imparaste ad ammirarvi, diventando consapevoli della parte migliore di voi stessi. Per quale ragione dipendete dalle opinioni di altre persone? Quando gli altri cesseranno di ammirarvi, che ne sarà di voi? Questo tipo di ammirazione è superficiale.

—•—•—•—

Molte persone non hanno nemmeno un'opinione su loro stesse perché vivono in base alle opinioni altrui, ritenendo di essere ciò che gli altri pensano di loro, senza opinioni personali su se stesse. Patanjali paragona le opinioni altrui a false e pericolose stampelle perché, nel momento del cambiamento, tutti hanno bisogno delle proprie. Cercate di capire in che modo potreste formarne di vostre, in che modo esprimerle e metterle in pratica senza preoccuparvi di quello che pensano gli altri di voi. Imparate a comprendere la Realtà interiore e a vedere la Realtà esteriore con consapevolezza perché ancora non siete consapevoli della vostra natura essenziale.

La differenza tra voi e uno *yogi* è solo questa: al contrario di voi che continuate a identificarvi con gli oggetti e la mente, lo *yogi* è consapevole della sua effettiva Realtà. La mancanza di consapevolezza e di conoscenza è la causa della sofferenza. L'ignoranza è qualcosa che ciascuno crea per se stesso. Anche se non siete ancora veggenti, *drishta*, avete la stoffa per diventarlo a condizione che cessiate di identificarvi con gli oggetti del mondo: solo in questo modo potrete stabilirvi nella vostra vera natura.

Controllando il comportamento della mente sarete in grado di conseguire il *samadhi* e, una volta immersi nella vostra natura essenziale, non avrete più alcun problema. Assenza di *samadhi* significa identificazione con il mondo e con gli oggetti del mondo che, essendo per natura impermanenti, non sono eterni. Sebbene le cose del mondo non abbiano il potere di controllare la vostra vita, voi continuate a provare un forte attaccamento verso il mondo esteriore, rendendovi vittime del loro fascino. *Samadhi* significa essere consapevoli della Realtà eterna, immutabile, infinita. Proprio come un vortice, l'attaccamento risucchia la vostra coscienza in una spirale di dolore.

—•—•—•—

Il mio Maestro, che era anche un giudice, era originario dello Stato del Bengala. Aveva un unico figlio che, per aver sparato al governatore, fu condannato all'impiccagione a Darjeeling. Dopo tale accadimento, il mio Maestro spezzò la sua penna da giudice e partì per l'Himalaya, dove meditò per molti anni.

Un giorno, il Maestro incontrò mio padre (quello biologico). All'età di quarantotto anni mia madre aveva ricevuto la grazia da parte del mio Maestro di avere un figlio, ed ero nato io. In seguito, i miei genitori, di cui non ho alcun ricordo né nostalgia, morirono e da quel giorno ho avuto la grande benedizione di essere allevato dal mio Maestro. Non ho mai provato nostalgia per i miei genitori, perché ogni volta che pensavo a mio padre, appariva l'immagine del mio Maestro: rappresentava tutto per me, padre, madre, precettore, fratello, amico e, infatti, nella vita io non mi sono mai sentito solo.

Un giorno, trovandomi con il Maestro ai piedi del Monte Dronagiri, che era molto arduo scalare, dissi: "Lasciami tentare la scalata".

"Sei sicuro di farcela?"

"Certamente!"

Allora scalai la montagna e raggiunsi la vetta.

Il mio Maestro commentò: "Chi c'è, lì con te?"

"Nessuno. Sono solo".

"Ti senti solo?"

"Sì".

"Non è vero. Tu sei solo, ma non ti senti solo".

—•—•—•—

Quando imparate a stare da soli, nella vostra integrità, non vi sentite soli. Qual è l'origine della sensazione di solitudine? Non sono le altre persone la causa. Se pensate che la persona che amate, o che vi ama, siano la ragione della vostra solitudine, vuol dire che il vostro atteggiamento nei confronti della relazione stessa non è corretto. La persona che amate dovrebbe essere un sostegno, e se invece vi fa sentire soli, significa che il rapporto va modificato. Molte mogli, quando il marito non rientra a casa in orario, e non presta loro dovuta attenzione, si sentono trascurate e sole. Se riflettete bene, l'assenza dei vicini di casa non vi fa sentire soli, ma sono le persone che affermano di amarvi a farvi sentire soli. Rischiate di sentirvi soli se non smettete di dipendere da sostegni esterni, anzi vi sentirete soli anche in mezzo a una folla. Nel tentativo di evitare la solitudine, vi sposate e andate a vivere insieme. I mezzi non vi mancano, eppure continuate a sentirvi soli. La malattia più diffusa è la solitudine. Per quale ragione vi sentite soli? Il momento in cui scoprite il centro interiore, non potrete più sentirvi soli. Se conoscete l'amico interiore, non sarete mai soli perché ci si sente soli tutte le volte che ci si isola dalla totalità, identificandosi con gli oggetti del mondo proiettati dalla mente.

Vi porto un esempio:

Un aspirante spirituale andò a trovare uno *swami* e disse: "Swamiji, muoio dalla voglia di imparare a meditare!"

Lo *swami* disse: "Rinchiuditi in una stanza molto piccola che non abbia nessun quadro appeso alle pareti. Mi raccomando, non una stanza grande. Siedi e medita sull'immagine di un toro per sette giorni. Così imparerai gli effetti della meditazione".

"Soltanto gli effetti?"

"Scoprirai il significato stesso della meditazione. Solo dopo averlo scoperto, io ti darò una tecnica per meditare".

Il giovane seguì le istruzioni dello *swami* e andò a meditare per sette giorni, e al settimo giorno, quando cercò di tornare dallo *swami*, si lamentò: "Le corna mi impediscono di uscire dalla porta. Oddio, il mio corpo è diventato enorme!"

La meditazione sul toro lo aveva trasformato in un toro.

Anche voi state facendo proprio la stessa cosa. Avete assunto una determinata forma mentale che vi fa ripetere: *Io sono debole. Io sono debole. Io sono debole. Non sono capace. Sto soffrendo. Ti prego, aiutami.* Vi appoggiate agli altri, e soffrite perché non sapete attingere alle vostre risorse interiori.

Patanjali intende mostrarvi la Realtà, affermando: "O veggente, ciò che vedi è per te!"

Ciò che esiste, ciò che vedete, è qui per voi ma non esistete per ciò che vedete. Comportandovi come una vittima degli oggetti del mondo, diventate superficiali, e dimenticate la Realtà. Questa è la ragione che vi impedisce di gioire degli oggetti del mondo. Questo mondo, che è colmo di cose di cui godere, è stato creato per voi, ma continuando a identificarvi con gli oggetti del mondo, che dovrebbero essere dei semplici strumenti, vi dimenticate di essere dei saggi veggenti. Gli oggetti sono diversi dal veggente stesso e l'identificazione con il mondo, che è soggetto a un costante processo di trasformazione, è la causa dell'oblio del vero Sé. Il saggio veggente, iniziando a comprendere la propria natura essenziale, non è più schiavo dell'identificazione con gli oggetti del mondo.

Molti di voi pensano di non poter raggiungere lo stato supremo della pace e della tranquillità, pur possedendone la capacità e il potenziale. Decidere non è difficile: questione di un secondo, e non è nemmeno necessario complicarsi la vita, o rinunciare alla famiglia. Potete essere consapevoli della Realtà in ogni istante e allo stesso tempo, restando immersi nella vostra natura intrinseca, eliminerete ogni tipo di sofferenza, e sarete pronti per il *samadhi*.

Patanjali consiglia di non identificarsi con gli oggetti del mondo perché questi sono precari e di breve durata e quindi non vale la pena identificarsi con qualcosa di non eterno, ma piuttosto con la vera propria natura, con la Verità che non è soggetta al cambiamento e alla morte. In realtà siamo tutti l'Atman, l'Anima Universale, i figli dell'eternità. Il ricordo e la consapevolezza del nostro centro è l'unica strada per essere liberi; infatti, consapevolezza interiore è sinonimo di libertà.

I primi quattro *sutra* rappresentano il fondamento della filosofia di Patanjali e se ne intuite e cogliete il senso più profondo, avrete compreso l'essenza dell'intero testo. Ttuttavia, per metterne in pratica gli insegnamenti, dovrete anche imparare molti altri aspetti.

Capitolo 16

METTERE IN PRATICA EQUIVALE A SVEGLIARE LA COSCIENZA

La costanza e l'assiduità sono i prerequisiti di una pratica spirituale. *Abhyasa-vairagyabhyam tan nirodhah*. Praticare significa ripetere la medesima azione più e più volte, sino a trasformarla in abitudine. Le abitudini sono motivazioni. Se non siete determinati a conseguire ciò che avete deciso di raggiungere e neppure costantemente consapevoli della Realtà, non potete assolutamente praticare delle discipline e questa pigrizia, alla fine, non vi consentirà di meditare.

Dentro ognuno di voi, esiste un sistema di allarme, una voce che vi guida dal profondo. È il Maestro che voi chiamate coscienza, e ogni volta che volete compiere un'azione scorretta, immediatamente, dal centro di voi stessi, qualcosa vi sussurra: *Non farlo*. In silenzio, questa voce dice *no*. La voce non proviene dalla mente, è la voce della coscienza, che suggerisce alla mente cosa sarebbe meglio evitare di fare; è quella vocina che talvolta fate finta di non udire. Gli schemi abituali sono così potenti che talvolta la coscienza non riesce a farsi sentire. Non avete bisogno che qualcuno, dall'esterno, vi ordini cosa dobbiate e non dobbiate fare: sapete benissimo che non dovreste mentire, eppure dite bugie. Solo il momento in cui la mente decide di porsi in ascolto di questi suggerimenti sottili, siete pronti a incontrare il vero Maestro interiore, la vostra coscienza per poi ricevere qualsiasi insegnamento direttamente dalla coscienza.

Questo non significa che non serve ascoltare un Maestro che insegna dall'esterno: in realtà egli vuole semplicemente renderti consapevole che esiste, in te, il vero Maestro, quello interiore, il tuo migliore amico. Non importa chi siete: la coscienza è sempre presente, e imparando ad ascoltarla, trasformerete completamente la personalità. La coscienza possiede la conoscenza assoluta che nessun libro o Maestro possono insegnarvi. Persino quando chiedete spiegazioni a un Maestro, dopo aver ascoltato la risposta, cercate subito di trarre le vostre conclusioni personali, perché seguite la coscienza.

Ciononostante non sempre vi ponete in ascolto degli insegnamenti della coscienza, anzi cercate spesso di soffocarla, addirittura, secondo i testi di antica saggezza, il più grave errore è rappresentato dal non ascoltarne i suggerimenti. Se non ascoltate la voce della coscienza, dopo un certo periodo di tempo, essa smette di consigliarvi e tace. Restando testimone delle azioni, non dice più nulla. Spesso la mente si abbandona a uno stato confusionale, anzi in certe occasioni, ingannandovi, tenta di sostituirsi alla coscienza. Come? Cerca di convincervi così: *Io posso rubare il denaro a questa persona perché è molto ricca e ha tanti soldi, inoltre in questo momento nessuno mi sta guardando. Per quale ragione deve possedere milioni di dollari solo lei? Che potrà mai accadere se le ruberò centomila dollari? Centomila dollari non sono nulla, per lei che è ricca.*

La mente è diversa dalla coscienza. La coscienza vuole sempre aiutarvi a migliorarvi, e a manifestare il sé interiore. La mente, al contrario, cerca costantemente di persuadervi a non mettere in pratica i valori. Per esempio, sapete perfettamente che non dovreste saltare la pratica della tecnica spirituale ogni giorno, eppure la mente dice: "Dai, rimanda il tuo impegno a domani". Rimandare è la natura della mente. Alcuni allievi, dopo aver seguito una disciplina per un determinato periodo di tempo, decidono di allentare e poi di abbandonarne la pratica. Dopo un po' la riprendono. Poi la interrompono nuovamente: "Ok, andiamo in vacanza. Non seguiamo nessuna pratica". Poi, di nuovo, la riprendono. Chi rimanda l'illuminazione a tempo indefinito, io li chiamo studenti di quarta classe.

La mente cerca sempre di ricondurci alle abitudini del passato e agli oggetti dei sensi. Supponiamo che a uno di voi piaccia molto il pesce, e che il medico gli abbia ordinato di non mangiarlo. La sua coscienza ha ascoltato il consiglio del medico, ma la sua mente non vuole sentirne parlare di non mangiare un pesciolino fritto. *Esistono molti medici. Per quale ragione dovrei ascoltare proprio questo? Per pranzo mangerò il mio pesce preferito e non mi accadrà nulla.* La coscienza non smette mai di parlarvi, è come uno specchio che riflette il vostro volto esattamente com'è. Quando vi guardate allo specchio, lo specchio non crea nulla. È come un termometro, che registra il caldo e il freddo. Vi dice chi siete, come siete, e come dovreste essere. La coscienza dice: *Non fare questo. Non va bene*, e la mente protesta: *No. Io voglio farlo.*

Non è possibile essere deviati dalla coscienza, perché la coscienza non può essere falsa. Persino l'uomo più malvagio, che è considerato il peggiore elemento della società, non può essere deviato dalla propria coscienza. Sono le cattive abitudini a farvi ignorare i suggerimenti della coscienza, ma quando la sua voce si affievolisce, la ragione inizia a dare i numeri e vi fa deviare, anzi può anche capitare di impazzire se vi lasciate deviare dalla mente perché le azioni e le parole finiscono per disorientarvi. Può accadere che, mentre siete impegnati in un'azione, si faccia strada un pensiero spiacevole e voi vi lasciate momentaneamente distrarre da questo pensiero, e poi vi concentrate nuovamente, ma poi sopraggiunge un altro pensiero, e vi distraete nuovamente. In questo modo, state sprecando tempo: il tempo è il dono dell'esistenza e la vita una rara opportunità. Pur possedendo ogni mezzo e potenziale, li sprecate. Io chiedo sempre ai miei allievi, quando si sentono deboli, di ascoltare la propria coscienza e, se all'inizio tendono a condannare se stessi, io li ammonisco: "Non è questo il modo. Tu sei qualcosa di straordinario; c'è qualcosa di splendido in te, qualcosa di molto speciale. Cerca di scoprire il Maestro interiore, la coscienza". Praticare significa risvegliare la coscienza e lasciarla parlare. La coscienza che si sveglia, dice: *Ascolta, non ripetere quest'azione troppe volte*. La ripetizione delle azioni produce abitudini tenaci e, inizialmente, la coscienza combatte affinché non ne creiate altre, poi quando le abitudini vincono, la coscienza perde la sua battaglia e con il tempo non offre più consigli come prima. La vocina interiore vi parla in continuazione, perché sa ogni cosa.

Se la mente fa un gran chiasso, viceversa la voce della coscienza nasce dal silenzio. Il primo passo verso l'illuminazione consiste nel seguire la coscienza, non la mente. Al livello superiore, la coscienza è luce pura.

Chi inizia ad ascoltare la voce della coscienza è molto vicino alla Realtà. La coscienza non è un amico esterno, è nel cuore. Gli amici possono essere anche divertenti, ma la sola vera buona compagnia è l'amico interiore. Esiste un detto: "Due è compagnia; tre è una folla". Quando siete in compagnia della vostra coscienza, siete già in due, ossia in buona compagnia. Ma quando arriva il terzo elemento, la mente, iniziate già a essere in troppi.

All'inizio dell'autoanalisi è facile commettere passi falsi e incespicare. Io stesso ne ho commessi molti, pur avendo alle mie spalle una grande forza – il mio Maestro, molti altri saggi e la grazia di Dio. Poiché ero animato da un potente fuoco interiore, pur continuando a incespicare, mi rialzavo sempre, e non mi arrendevo mai. Purtroppo ho notato che, invece, la maggioranza di voi ha la tendenza ad arrendersi facilmente.

Talvolta, chiudete gli occhi per meditare e non vedete nulla.

Allora pensate: *Il metodo non è valido. Il mantra non funziona.* E continuate a collezionare *mantra*. Magari non meditate, però fate collezione di *mantra*. La verità è che avete sprecato una gran quantità di denaro, senza aver mai veramente meditato. Sul sentiero dell'illuminazione è necessario essere molto pazienti, saldi e persistenti. Quando un bimbo piccolo incespica e cade, subito si rialza, perché vuole imparare a camminare. È suo diritto camminare. È un vostro diritto camminare sul sentiero spirituale, come lo è quello di raggiungere la vetta. Non rimandate il viaggio alla prossima vita, fate ogni sforzo adesso, in questa vita. Non è possibile ottenere tutto nell'arco di una sola giornata, si deve perseverare. Proprio come il bambino che impara a camminare, anche voi incespicherete più volte percorrendo il sentiero che conduce alla vetta. La pratica consente di costruire la propria esperienza che, fortificando la coscienza, diviene una guida sempre più vicina.

La curiosità stimola a imparare cose nuove. Quando imparate qualcosa di nuovo, esultate: *Ho imparato una cosa meravigliosa.* Tuttavia, non vi impegnate a mettere in pratica ciò che già sapete. La verità è che non potrete acquisire, in questa vita, più conoscenza di quanta non ne abbiate già acquisita durante l'infanzia: possedete già alcuni principi fondamentali della conoscenza, ma non li mettete in pratica. Per praticare, non è necessario seguire una disciplina rigida, ma è sufficiente analizzare e comprendere in che modo si può utilizzare la conoscenza che già si possiede.

È meglio cercare di praticare in modo graduale, ma la tecnica da sola non è sufficiente. I princìpi fondamentali da applicare alla pratica sono: sincerità, fedeltà, e puntualità. Anche se si conosce la tecnica esatta per colpire il bersaglio, se non ci si esercita regolarmente, non lo si può colpire. La pratica è assolutamente necessaria e rende perfetti se cercate di superare i vostri limiti in modo graduale, senza costringervi a meditare per ore e ore, un giorno, e poi non fare più nulla il resto della settimana. Questo non è un metodo logico. I saggi dicono che lo studente di prima classe, che ha portato a termine i propri doveri, può raggiungere lo stato mentale ottimale nell'arco di tre mesi. Affermano anche che lo studente di seconda classe vi riuscirà in sei mesi, e quello di terza, in tre anni, ma lo studente di quarta classe non otterrà mai nulla. Se praticate in modo regolare, analizzando le vostre azioni e lo stato mentale, arriverete alla meta. La questione è: quanto è importante, per voi, la pratica? Analizzate l'intensità del vostro desiderio di praticare una tecnica e comparatelo con gli altri vostri desideri. Quali sono le cose più importanti nella vostra vita? Desiderate realmente trasformare e migliorare il vostro carattere, oppure intendete soltanto migliorare le vostre condizioni di vita? Se non migliorate voi stessi, le situazioni della vita e l'ambiente in cui vivete non potranno mai migliorare. È meglio cercare di migliorare se stessi affinché le situazioni e l'ambiente non possano peggiorare. Per migliorarle, innanzitutto dovreste imparare a conoscere la vostra vera natura essenziale, comprendere i vari livelli dell'essere e sviluppare il controllo dei vari stati mentali.

Numerosi sono i sentieri che portano alla sommità della montagna. La meta è sempre la stessa; i metodi per raggiungerla sono innumerevoli. Il sentiero dell'azione restando nel mondo è tanto perfetto quanto il sentiero della rinuncia. Sul sentiero dell'azione si impara a compiere il proprio dovere, senza essere attaccati agli oggetti del mondo. Sul sentiero della rinuncia si impara a rinunciare a tutto ciò che si crede di possedere, e a dedicare il proprio tempo e la propria energia alla realizzazione del Sé, mantenendo la mente concentrata in una sola direzione. Quest'ultimo è un sentiero molto arduo, perché non è facile vivere ligi alla rinuncia. Soltanto poche fortunate persone sanno veramente rimanere in bilico su questo sentiero che è pericoloso come camminare su una lama di rasoio, un percorso angusto e irto di ostacoli. È molto più facile, e più usuale, vivere nel mondo praticando il distacco, ma in realtà la differenza non esiste.

Nessuno deve condannare se stesso se preferisce vivere nel mondo, o perché crede di non poter conseguire la sua meta. Imparate a disciplinarvi, a organizzarvi, a esplorare le vostre risorse; imparate anche a conoscere i vostri potenziali interiori e a delineare un piano per la vostra vita. *Questo è il mio obiettivo, e devo raggiungerlo. Tutte le mie risorse saranno impiegate per raggiungere lo scopo della vita.*

Il sentiero dell'adattamento procura grandi soddisfazioni, perché è la via del mondo, dell'azione, del *karma*. Sul sentiero dell'adattamento si impara a gestire il mondo esterno, a comportarsi come cittadini di due mondi – il mondo interno e il mondo esterno – creando un ponte tra i due.

In questo modo imparate a non perdervi nel mondo e simultaneamente a espandere voi stessi sino a realizzare il vostro vero Sé. Allora, smettendo di identificarvi con gli oggetti del mondo e con la mente, saprete comprendere la vita nella sua interezza, con tutte le sue correnti apparentemente in contrasto, vivendo nel mondo con distacco, senza mai perdere il contatto con il vostro centro interiore.

La maggior parte della popolazione mondiale segue il sentiero dell'azione. Queste persone vivono nel mondo degli oggetti e sono costantemente bombardate dalle innumerevoli tentazioni e dalle opinioni altrui. Talvolta, ti dicono che sei bravo; talaltra, che sei cattivo. Ecco due estremi. È pericoloso lasciarsi tormentare dalle suggestioni del mondo al punto da impiegare tutto il proprio tempo a eseguire le opinioni degli altri. Talvolta, qualcuno di voi vorrebbe isolarsi: *Non voglio più ascoltare il mondo; è una vita che ascolto il mondo. Non voglio più ascoltare.* Questo atteggiamento è indice di egocentrismo, e non favorisce il processo di crescita. Se avete deciso di vivere nel mondo, dovete anche valutare le opinioni altrui. Non siete forse egoisti quando non ascoltate gli altri? L'altra persona è egoista? Se non è egoista, dovete ascoltarla. Se una persona che vi ama, e non è egoista, vi dice: "Mi sembra che in questi giorni tu ti stia isolando", cerca di ascoltare le sue parole. Non è possibile non ascoltare qualcuno. Potrete vivere nel mondo con distacco, non grazie al *sannyasa*, ma grazie all'aiuto del non attaccamento, *vairagya*.

Capitolo 17

I LEGAMI DELL'ATTACCAMENTO SONO TENACI

I due sentieri hanno due pratiche in comune: la meditazione e la filosofia del non attaccamento, *vairagya*. Indipendentemente dal sentiero che state seguendo – quello della rinuncia o il sentiero dell'azione – se intendete conoscere la verità, svelare i misteri della vita e raggiungerne lo scopo, dovrete imparare a smussare ogni attaccamento e poi eliminarlo, *vairagya*, che Patanjali chiama *abhyasa-vairagya*. Attuando la filosofia del non attaccamento, disporrete della facoltà di liberarvi dall'influenza delle modificazioni della mente, le *vritti*, e raggiungerete il *samadhi*.

Il non attaccamento non è sufficiente per fare di un aspirante spirituale uno *swami*, né lo conduce alla filosofia della rinuncia. Piuttosto, vi indica la filosofia dell'azione, come operare nel mondo pur non essendone parte. Con un esempio vorrei farvi capire a fondo la differenza tra rinuncia e non attaccamento. Io ho rinunciato alla casa, perché voglio essere uno *swami*, tuttavia ne ho mantenuto il ricordo. La casa è sempre nella mia mente. Ma la casa è là, e io sono in questa stanza. Cosa ho fatto? Ho semplicemente creato uno spazio. Questo è il *sannyasa*, una semplice rinuncia. Al contrario, nello stato in cui si pratica il distacco, *vairagya*, si vive a casa, ovunque essa sia, ma si pratica il distacco. In realtà il non attaccamento è un gradino più elevato della rinuncia. Farsi monaci e rinunciare alle cose del mondo è utile, tuttavia in assenza di distacco, la rinuncia non ha alcun senso. Se uno *swami* rinuncia al mondo senza conoscere la filosofia del non attaccamento, qualsiasi altro tentativo di austerità non andrà a buon fine.

Quando si percorre il sentiero della rinuncia, si decide di rinunciare agli oggetti, ai legami familiari e alle relazioni – alla proprietà, ai parenti, e anche ai rapporti con gli altri. È una via molto ardua. In realtà è più facile rinunciare alla casa che smettere di ricordarsela costantemente, tuttavia questo comportamento non è dettato dalla rinuncia, ma dall'emozione. Spesso capita che si rinunci alla casa e poi si continui a rimpiangerla pensando: *Ho rinunciato a una casa molto bella.* L'attaccamento è un legame più forte di quanto si pensi, e non smette mai di tentare l'aspirante spirituale, il *sadhaka*.

Quando il Buddha decise di rinunciare alla propria dimora, si alzò nel cuore della notte e abbandonò moglie e figli che dormivano profondamente. Giunto sulla soglia, si voltò brevemente: volle ammirare il volto di suo figlio per un'ultima volta. Il forte attaccamento che provava per il figlio fece tornare sui suoi passi anche un grande come il Buddha. Qualcuno potrebbe provare stupore di fronte a questo suo comportamento. Il Buddha aveva deciso di rinunciare a tutto, eppure si era voltato per ammirare ancora una volta il volto di suo figlio! Persino al Buddha fu necessario un lungo periodo di tempo per prendere una decisione così drastica.

Sul sentiero dell'azione si impara a compiere soltanto il proprio dovere: se un'azione non ne fa parte, non la si dovrebbe compiere. Prima di venire al mondo, avete scelto di incarnarvi in una determinata famiglia e in una determinata società, pertanto è vostro dovere aiutare gli altri e comportarvi conformemente agli impegni morali che vi competono. Se siete sposati, siate gentili con il partner, siate sinceri, e prendetevi cura dei figli. Se non siete sposati, studiate e cercate di evolvere, e di comprendere i valori della vita. Il primo passo è quello di riconoscere quali sono i vostri doveri e il secondo di portarli a termine vincendo gli ostacoli creati dalla forza dell'abitudine. In tutte le vostre azioni, cercate di esercitare il controllo. Controllo non significa non compiere il proprio dovere. Se per esempio siete un macellaio e il vostro lavoro consiste nel vendere carne, e nel tagliare i polli a pezzi per tutto il giorno, significa che questo è il vostro dovere. Osservatevi spesso, esaminate le circostanze e lo stato interiore in cui vi trovate, poi agite. La coscienza vi guiderà ad agire nel modo giusto e saprà suggerirvi tutte le indicazioni di cui avete bisogno.

La vostra personalità è ormai intrecciata con gli schemi delle abitudini che fanno di voi delle vittime. Come porre rimedio a questa situazione? Seguite e praticate la filosofia del distacco, *vairagya*. Nessuno è felice se si sente oppresso da mille ansie e paure, quindi se tutti mettessero in pratica il non attaccamento, sarebbero più sereni e contenti. Potreste iniziare con le persone che amate, e con cui vivete: casa vostra dovrebbe essere il nido e il rifugio di persone che si amano reciprocamente. Stabilite due pesi e due misure: uno per la casa che condividete con la famiglia, e un altro per il mondo esterno. Quando siete a casa, non occorre pensare sempre a schermarvi per proteggervi come può accadere nel mondo esterno, né dovreste mai sentirvi insicuri, anzi dovreste poter sempre agire in piena libertà. Sentendovi al sicuro, a casa potete essere generosi, e offrire amore senza pensarci su due volte e senza circospezione. Quando invece dovete agire nel mondo esterno, innanzitutto siate discriminanti e pensateci su due volte prima di agire.

Vairagya significa compiere i propri doveri senza essere attaccati agli oggetti ma il termine non è abbinato soltanto alla rinuncia. Gli insegnamenti di Patanjali sono rivolti a chi vive nel mondo, anzi è stato molto attento a non usare il termine che corrisponde alla rinuncia, *sannyasa*.

Nessuno può vivere senza agire, e tutti raccolgono i frutti delle proprie azioni. Esiste forse una religione che raccomanda di non compiere il proprio dovere? Tutte le grandi culture, tutte le religioni del mondo, enunciano: "Chi semina, raccoglie". È quindi una legge condivisa da tutte le religioni, tuttavia non si può vivere senza agire. Da mattina a sera, tutti compiono azioni e non si può evitare di raccoglierne i frutti. Persino quando si dorme, si compie un'azione perché il sonno è un'azione. Anche chi rinuncia al mondo deve fare qualcosa, perché questa persona rinuncia soltanto al nome, alla fama, alla proprietà, a tutto ciò che la riguarda direttamente, ma non rinuncia a insegnare, a essere gentile o ad aiutare gli altri.

Mentre fate il vostro dovere, può accadere che ne diventiate vittime. Le mie allieve mi dicono spesso: "*Swamiji*, ora devo andare a casa. Mio marito mi sta aspettando e i miei figli sono già tornati a casa da scuola. Non posso ignorare la mia famiglia!"

In questi casi devo intervenire dicendo: "Per favore, ora mettiti seduta".

"No, no, *Swamiji*. Vengo a trovarti un altro giorno. Io ti rispetto, ma devo fare tante cose".

Questo "devo fare" vi rende schiavi. Non potete vivere senza compiere il vostro dovere, ma questo dovere non deve rendervi schiavi. Non siete stanchi di vivere un'esistenza banale e ripetitiva? Potete cambiare le cose? Chi è il creatore del vostro dovere? Siete voi stessi a creare le catene che vi rendono schiavi. Voi non volete portare le catene, eppure le indossate in nome di ciò che chiamate dovere, ma esiste una strada che si chiama libertà. La raccomandazione pratica è compiere il proprio dovere senza rinunciare alla libertà. In che modo potete essere liberi? Se continuate a compiere bene il vostro dovere, un bel giorno raccoglierete i frutti delle buone azioni. Per essere liberi, dovete offrire i frutti che raccogliete alle persone che amate: la carità inizia a casa.

Ecco un altro punto: il dovere vi annoia, ma se lo portate a termine bene, poi ne raccoglierete i frutti. Pur offrendo questi frutti ai figli e al partner, non vi sentite completamente soddisfatti. Alle mogli sembra di essere diventate donne delle pulizie e si sentono usate dai familiari. La soluzione è imparare a compiere il proprio dovere con amore. Compiere il proprio dovere senza amore causa una serie di problemi. Le persone che si rinchiudono in loro stesse, automaticamente si allontanano dalla legge di espansione chiamata amore. *Possedere* significa "contrazione". *Amare* significa "espansione". Se desiderate conoscere l'arte della vita, per prima cosa imparate a compiere i vostri doveri con amore. Amate i vostri doveri, qualsiasi essi siano, e vedrete che i doveri cesseranno di assillarvi.

Quando non siete in grado di compiere i doveri che vi siete imposti, create voi stessi il vostro stato di ansia. L'unica soluzione possibile, pertanto, è imparare ad amare i propri doveri. Se amate soltanto ciò che procura gioia, e se pensate che anche il partner sia un oggetto, come la casa, i mobili e le altre cose, non potrete mai essere felici: gli esseri umani non sono oggetti. Imparate ad amare le persone per le quali fate il vostro dovere e a vedere gli oggetti del mondo come strumenti. Amate gli strumenti perché vi aiutano, ma quando questi si trasformano in ostacoli, non sono più un aiuto. Se state percorrendo il sentiero dell'azione illuminata, dovreste impegnarvi a compiere i vostri doveri con amore, senza attaccamento per gli oggetti del mondo. Gli oggetti del mondo sono semplici strumenti: non vi appartengono, ma li potete utilizzare. Imparate a goderne come strumenti, senza sviluppare attaccamento e senza mai desiderare di possederli. Il concetto di 'mio' e 'tuo' è all'origine di alcuni problemi molto seri. Quando fate il vostro dovere con amore, non proverete ansia, perché siete liberi.

Innanzitutto, è importante capire che non si può smettere di agire e, secondariamente, che tutti i frutti delle proprie azioni devono essere offerti a chi ci ama. Il terzo punto spiega che si deve spalmare il proprio dovere con il balsamo dell'amore. In questa formula magica, l'azione esperta, compiuta in modo disinteressato, diviene un tramite, una sorta di adorazione. Chi agisce in modo esperto, con amore, e senza interessi personali, è libero dalle catene del *karma*.

È imperativo, quindi, compiere ogni azione come se fosse un dovere, infondendole amore, ma senza attaccamento. È possibile condurre un'esistenza pacifica, in questo mondo, e raggiungere lo scopo della vita nel breve arco di pochi anni, pochi mesi, pochi giorni o addirittura pochi secondi, grazie all'applicazione della filosofia del non attaccamento.

Per essere distaccato, non si deve necessariamente abbandonare il mondo, o imporre a se stessi qualche austerità complicata, anzi, non è assolutamente necessario seguire discipline molto rigide. La disciplina non deve essere rigida, né creare tensione o stress. Disciplinarsi significa incanalare tutti i poteri e le risorse personali verso la propria meta. La disciplina è un fattore indispensabile per imparare a non sperperare il proprio potere. Non cercate di comprendere la disciplina prima ancora di metterla in pratica e non createvi troppe regole perché non fareste che indebolire la forza di volontà. Evitate, comunque, di prendere una decisione se poi non intendete seguirla. Quando decidete di compiere un'azione, dovete andare fino in fondo. Nessuno potrà fermarvi. Quando dite, *voglio fare questo, voglio farlo, voglio farlo*, e poi non lo mettete in pratica, non fate che indebolire la forza di volontà sino ad annientarla. Ogni giorno, voi prendete decisioni che non fate seguire da un'azione, perché la vostra forza di volontà è debole; non siete determinati e non sapete coordinare e applicare le vostre risorse. In pratica, non siete capaci di agire impiegando all'unisono la mente, le azioni e le parole. Questa è la ragione della mancanza di un buon esito.

Per vivere felice in questo mondo dovrete allenarvi a praticare il non attaccamento. Chi vive nel mondo può avere difficoltà di vario genere quando si trova ad avere successo o troppi agi materiali, se non conosce la filosofia del non attaccamento. San Bernardo consigliava: “Impara a utilizzare le cose del mondo ma ama solo Dio”. Egli aveva compreso la filosofia del non attaccamento. Voi, invece, pensate erroneamente che il significato dell’affermazione di san Bernando sia che il mondo deve essere a vostra disposizione. Questo tipo di comprensione vi motiva a truffare gli altri per procurarvi il cosiddetto successo. Se credete che il mondo sia a vostra completa disposizione, per quale ragione non pensate che anche il mondo debba usare voi? È necessario arrivare a un compromesso: non dovreste né usare il mondo, né permettere agli altri di usare voi.

Molti di voi tendono a commettere due errori fondamentali: credete di possedere qualcosa che non vi appartiene, e vi siete attaccati; oppure la utilizzate soltanto, ma con attaccamento. Quando un oggetto non vi appartiene, cosa vi fa pensare di avere il diritto di sviluppare attaccamento? Questo atteggiamento di possesso non autorizzato vi rende meschini. Basterebbe vi ricordaste questa semplice preghiera: *Signore, io Ti sono grato per tutte le cose del mondo. Tu mi hai donato quanto vi è di meglio. Io ho il diritto di utilizzare queste cose come se fossero soltanto degli strumenti, ma non ho il diritto di possederle perché non sono mie. Io non so creare nemmeno un filo d’erba. Come posso affermare che qualcosa mi appartiene? Tutte le cose del mondo sono a mia disposizione, e io posso utilizzarle come strumenti, senza provare attaccamento o pensare di possederle.*

Qual è l’origine dell’attaccamento? Talvolta, sapendo di non potere avere un figlio, voi pensate che non potrete mai sentirvi pienamente soddisfatti. Eppure, potreste pensare: *Dio mi ha dato questa opportunità. Poiché non ho un bambino, dedicherò il mio tempo al Signore.* Al contrario, voi volete adottare il figlio di qualcun altro e finite per crearvi un nuovo attaccamento. Sapete perché? Volete possedere. Se vedete nella casa del vicino un oggetto che vi piace, lo volete anche voi. Non riuscite a capire che questo tipo di atteggiamento superficiale non fa che creare nuove forme di attaccamento, perché dissipa l'energia della mente.

Vita significa relazioni. La vita è come una moneta a due facce. Persino uno *swami* che ha rinunciato al mondo e non ha nulla a che fare con famiglia, onore e fama, deve comunque intrattenere relazioni, il suo corpo infatti ha una relazione con la sua mente: il corpo, il respiro e i sensi sono imparentati con la mente e con l'anima. Nessuno, quindi, può affermare di vivere senza relazioni.

Molti pensano che, praticando il non attaccamento, non saranno più in grado di amare il partner, invece praticare il distacco, *vairagya*, non significa che non si debba amare il partner, al contrario, si ama con maggiore intensità perché la comprensione alla base della relazione subisce un'espansione. Tutte le volte che vi trovate di fronte a un oggetto fragile, come minimo non vi appoggiate il peso, mentre se vi rendete conto che un oggetto è solido e robusto, vi ci appoggiate tranquillamente. Qualora non siate in grado di capire se l'oggetto sia fragile, rischiate di cadervi sopra frantumandolo. Questo principio vale anche per le relazioni. Ciò che chiamate amore è solo lussuria. L'attaccamento causa sofferenza; non attaccamento significa amore. L'amore ha due caratteristiche – saper dare e la libertà. L'amore non rende ciechi, tuttavia insegna a dare senza riserve. L'amore non vi renderà mai vittime, anzi vi rende liberi e privi di egoismo. Nel caso in cui l'amore non vi rende liberi, significa che non è amore. L'amore rende consapevoli della Vera Realtà, ma è anche necessario imparare ad amare con distacco.

Il non attaccamento, la filosofia dell'amore, è una delle più grandi filosofie del cristianesimo. Gesù ha dichiarato: "Non attaccarti al corpo, ma all'anima". Si raggiunge Dio tramite l'amore e non gli oggetti. Esistono due tipi di amore: l'amore con oggetto e l'amore senza oggetto. Si ha forse bisogno di un oggetto, per amare? Vi porto l'esempio dell'amore con oggetto: ambedue i coniugi hanno bisogno del corpo del partner per amarlo, esattamente come un neonato sente il bisogno del corpo della madre per amarla. Però, visto che tutti gli oggetti con il tempo si trasformano, perché sottostanno alla legge del decadimento e della morte, potete onestamente affermare di amare vostra moglie se l'abbandonate per un'altra perché oggi ha contratto il vaiolo e vi sembra molto più brutta di quando l'avete sposata? La risposta è: "No, al momento che l'avete sposata, eravate unicamente motivati dalla lussuria, confondendola per amore".

Indifferenza non è sinonimo di non attaccamento, significa piuttosto noncuranza. Non attaccamento significa conoscenza; non attaccamento significa amore. Quando vi annoiate o siete stufi del partner, arrivate persino a provare indifferenza. Il momento in cui uno dei due diventa indifferente, e desidera separarsi, l'altro lo preavverte da come è cambiato il loro rapporto. Per esempio, il marito si accorge che la moglie non sorride, non si muove come una volta e non lo ascolta. L'indifferenza nasce dalla noncuranza. Non attaccamento significa amare qualsiasi cosa ci circondi semplicemente per il fatto che ci è stata data da Dio, senza però mai ritenere che ci appartenga. Si può apprezzare qualsiasi cosa che Dio ci ha offerto, basta eliminare il senso di possesso: *queste cose sono mie; le possiedo e posso utilizzarle come meglio credo*. Chi dice questo, non è consapevole di chi gli ha offerto quelle cose.

Come si può vivere nel mondo, consapevoli dell'impermanenza e rapida disgregazione degli oggetti? Innanzitutto, sappiate che siete qui per recitare una parte: se siete una donna, pur essendo in grado di farlo, non potrete svolgere il ruolo di un uomo. Questo non è il vostro ruolo specifico. Allo stesso modo, se un uomo tenta di svolgere il ruolo di una donna, rischia di sentirsi inadeguato e inefficiente. Se imparassimo tutti a recitare i nostri ruoli alla perfezione, il mondo si trasformerebbe in un pacifico Giardino dell'Eden. Questa situazione potrà verificarsi solo grazie alla filosofia del non attaccamento, che corrisponde al vero amore. In ogni caso, per riuscire ad amare gli altri, prima dovete imparare ad amare voi stessi. Se non vi amate, non saprete amare né il partner, né gli altri. Gandhi ha dichiarato: “Io dico sempre di amare me stesso, non perché sono speciale, ma perché Dio è in me”.

Ognuno di voi è un tempio vivente dell’Infinito. Non è meraviglioso? Non è forse il più grande dei miracoli che l’immortalità dell’Essere Infinito si nasconda all’interno di una forma mortale, di un corpo finito? L’infinito dimora nel finito. Ovunque si sposti il corpo, porta sempre con sé l’Infinito ed è la ragione per cui è considerato importante. Altrimenti, in sé, il corpo è irreale, essendo soggetto a costante cambiamento e quindi a deperire e poi morire. La forma e il nome di un corpo cambiano in continuazione. Il finito ha valore e significato soltanto perché trasporta l’Infinito.

Nessuno vuole tenere in casa un corpo che non ospita più l’Infinito, perché un cadavere inizia subito a putrefarsi. Davanti a un corpo esanime, nessuno dice più: “Questo è mio padre”, ma piuttosto: “Questo è il corpo di mio padre”. Separarsi da un corpo ormai esanime è sempre un atto volontario, ma avviene spontaneamente il momento in cui siamo consapevoli che l’Infinito non lo sta più mantenendo in vita. La salma di una persona finisce in una bara, e poi sotto terra.

È necessario, quindi, essere sempre consapevoli di essere un tempio vivente del Signore, dato che l’Essere Supremo è in voi perché, senza questa consapevolezza, rischiate di essere sempre insicuri e ansiosi. Più paure avete, più siete lontani dal Signore, pertanto cercate di avere fiducia nella vostra reale essenza.

Un tempo, le mamme crescevano i figli insegnando loro: “Tu sei l’Anima Universale, l’Atman. Sei grande. Non essere triste, perché non hai alcun motivo di avere paura. Farai grandi cose. Servirai la nazione e l’universo. Tu sei un membro dell’universo e Dio è sempre con te. Dio è il testimone di ogni tua azione”.

Siete un contenitore finito che trasporta l’Infinito e proprio per questa ragione siete meravigliosi. Voi siete completi in voi stessi, indipendentemente dal fatto che voi vi condanniate, o da ciò che dicono gli altri di voi. Siete in grado di muovervi perché l'Infinito dimora in voi, anzi, senza l'Infinito voi non esistete neppure. Ovunque andiate, lo portate con voi. Anche quando dormite un sonno profondo, l'Infinito è con voi. Anche quando ingannate voi stessi, l'Infinito è con voi. Se Dio è ovunque, significa che è anche in voi. Se Dio è in voi, che cosa avete da temere? Dovete scoprirlo da soli. Se non lo scoprite è perché, nel vostro intimo, qualcosa si interpone tra voi e la Realtà infinita. Gli ostacoli da superare per raggiungere la sorgente della vita e della luce interiore sono innumerevoli, ma voi non siete pronti ad accettare che Dio possa vivere in un essere insignificante come voi, pieno di difetti e di debolezze. La vostra mente crea una barriera a questa comprensione, e il vostro pensiero non vi lascia andare oltre. Siete consapevoli che esiste un potere che motiva la vostra mente a pensare? Affermate che la luce del sole, della luna e delle stelle è meravigliosa, ma allora perché non siete in grado di vedere la luce che dimora dentro ognuno di voi? Provate a dire a voi stessi: *Se esiste un tempio vivente del Signore, quello sono Io. In verità, io sono più grande del Signore perché mentre mi sposto ovunque, custodisco il Signore nel mio cuore. Io sono grande perché Lui è in me*. Questo potrà accadere se diventerete coscienti della Realtà interiore. Proverete una meravigliosa sensazione di felicità. Per farlo, dovete imparare a lavorare sulla mente. Quando iniziate a lavorare su voi stessi, nessuno può più fermare il vostro progresso. Iniziate a esaminarvi nel profondo e cercate di capire la vostra vita interiore, le paure, le abitudini, il modo in cui avete addestrato la mente. Lavorare sulla propria mente significa lavorare con le impressioni sottili, i *samskara*, che sono registrate nell'inconscio. Imparate a essere coraggiosi e ad affrontare tutte le sottili impressioni registrate in passato che ancora cercano di turbare la vostra quiete. Quando entrate nel circolo vizioso dell'azione forzata dalle impressioni del *karma* passato, i *samskara*, non avete via di scampo. Se opponete resistenza, non fate che creare nuovi conflitti. Provate semplicemente a scandagliare la dimensione della mente inconscia.

È possibile operare perfettamente nel mondo materiale e al tempo stesso conservare la propria libertà? Il simbolo dello yoga è il fiore di loto. Il fiore di loto cresce negli stagni, eppure le gocce dell'acqua scivolano sulla superficie delle foglie e queste non risultano mai bagnate. Ricordandovi costantemente di essere qui sulla terra solo per un periodo di tempo limitato, e che un giorno ve ne dovrete andare, nulla potrà turbarvi. Per non provare attaccamenti verso le cose del mondo, cercate di utilizzare gli oggetti, finché sono a vostra disposizione, ma non dispiacetevi quando vi abbandonano. Ricordando sempre questo principio, non sarete mai tristi: non è il mondo, in sé, a rendervi tristi, ma il vostro atteggiamento verso gli oggetti del mondo a rattristarvi. Imparando la tecnica che consente di vivere nel mondo senza appartenervi, smetterete di pensare di essere incompleti e incompetenti. Tutte le risorse possibili sono già a vostra disposizione, dentro di voi. Utilizzando i mezzi che il mondo esterno vi offre, e le numerose risorse interiori, potrete ottenere la vera liberazione, *moksha*, la Realizzazione del Sé. Imparate a vivere nel mondo senza appartenere al mondo. Allora potrete camminare sulla terra come fecero Cristo e Mosè.

Lo yoga insegna la filosofia dell'integrazione. Quando impiegate le vostre dita singolarmente, separandole le une dalle altre, il vostro gesto è debole; al contrario, quando le unite, è forte. Il pilastro dell'integrazione è il non attaccamento, *vairagya*. Indipendentemente dalla fede in Dio, dovreste cercare di imparare questo principio. Il non attaccamento non significa fuga dal mondo, piuttosto affrontare i fatti della vita. Padre e figlio sanno entrambi che, presto o tardi, uno dei due dovrà andarsene. Un giorno io me ne andrò, e anche voi ve ne andrete. Uno di noi, per primo, se ne andrà per sempre. Consapevoli di questa realtà, non possiamo lasciarci travolgere dalle lacrime. Un grande poeta ha dichiarato: "Partire è come incontrarsi. La dipartita è un giorno di festa. Celebriamolo". Esistono culture in cui, in occasione della morte di un parente o di un conoscente, non si piange e non ci si lamenta. In queste culture, durante il trasporto della salma al cimitero, si suona il tamburo e si canta poiché per queste persone la morte non è un evento sgradevole, bensì una festività. Nulla resta con voi per sempre. Se provando grande dolore, continuate a pensare a una persona anche dopo la sua morte, inconsciamente potreste crearle delle difficoltà a procedere, e addirittura attrarre nella vostra dimensione la sua mente inconscia. Se amate qualcuno, lasciatelo andare serenamente. Dovreste avere un atteggiamento allegro quando pensate alle persone che vi hanno lasciato, mai triste. La persona che muore non è mai malinconica, ma quelli che le sopravvivono si intristiscono. Sapete perché? Perché sono egoisti. Non si deve temere la morte: è soltanto un lungo riposo. La paura della morte è inutile, ma se non si mette in pratica il non attaccamento, la paura resterà sempre in agguato.

L'anima che tenta di attraversare la palude dell'illusione, nel suo viaggio verso l'eternità, ha due ali – la via dell'azione, *abhyasa*, e il distacco, *vairagya*. Non è possibile praticare lo yoga senza mettere in pratica l'una o l'altra. Sia mentre si percorre la via dell'azione, che quella della rinuncia, si raggiungere la realizzazione del Sé comprendendo lo scopo della vita, ed essendo sempre consapevoli del proprio centro interiore. Quando si incontra il vero Sé, che è il Sé di tutti, i pensieri meschini si dileguano, e non si disprezza più nessuno. Il Sé reale include tutti e non esclude nessuno. Dentro di voi, nel profondo, si trova la fonte originale che è il Sé di tutti gli esseri.

Volgendo la mente verso l'interno, ed esaminando attentamente tutte le barriere, che ognuno crea da solo, si scoprirà che l'amore permea ogni cosa e questo sarà reso manifesto dai pensieri, dalle azioni e parole.

Capitolo 18

PRIMA MERITA, POI DESIDERA

Certe volte mi capita di essere avvicinato da qualcuno che vuole ricevere la conoscenza istantanea, il *samadhi* “espresso”. Queste persone mi dicono: “Io non voglio fare nulla. Per favore, *Swamiji*, dammi semplicemente la tua benedizione di realizzarmi”. Dovete sapere che il *samadhi* non è un evento fulmineo e non esiste né il *samadhi* “espresso”, né l’illuminazione istantanea. Molti pensano che il Maestro sia un personaggio che distribuisce benedizioni e conferisce il *samadhi*. Non è così. Molti vorrebbero essere illuminati in una frazione di secondo, senza dover seguire alcuna preparazione. Anche se qualcuno avesse il potere di risvegliare all’istante il potere di una persona, la *shakti* assopita, la forza primordiale *kundalini*, ritenete che questa persona possa essere in grado di controllare una tale forza senza una preparazione appropriata? Se è sul sentiero di una disciplina spirituale, dovrà necessariamente seguire una preparazione. Preparazione non significa compiere sforzi fisici, bensì essere consapevoli di un altro livello di coscienza.

Molto tempo fa, all’età di ventisette anni, un giorno volli contraddire il mio Maestro. Sapevo di aver lavorato a

lungo, e di non essere ancora riuscito a raggiungere il *samadhi*. Allora dissi al Maestro: "Per favore, dammi il *samadhi*".
Il Maestro replicò: "Tu non sei ancora pronto per il *samadhi*. Non è possibile versare l'intero contenuto di un barile d'acqua dentro una piccola ciotola". Poi aggiunse: "Ok, portami una ciotola".

Gli consegnai una ciotola ed egli mi ordinò: "Chiudi gli occhi".

Dopo avervi praticato un foro, mi porse la ciotola e iniziò a versarvi dentro il latte, che iniziò immediatamente a cadere in terra dal foro.

Io gli chiesi meravigliato: "Ehi, che stai facendo?"

"Sto cercando di insegnarti, ma la tua testa è come questa ciotola! Una ciotola bucata non trattiene nulla".

Prima meritate; poi desiderate. Volete fare tutto quello che vi pare e piace, pensare come meglio credete, e capire quello che volete. Siete costantemente tormentati e controllati da un numero infinito di desideri, preferenze ed esigenze. Come potete essere felici, accecati e turbati da tutti questi desideri? Superare la barriera dei desideri non è facile. Gli uomini non sono capaci di non avere desideri e di vivere in pace confidando in Dio e non trovano piacevole vivere nel mondo senza avere desideri. Il desiderio è diverso dal bisogno, e il bisogno è diverso dalla necessità. I reali bisogni di un essere umano sono molto esigui, le sue esigenze, invece, possono essere infinite. Se fossimo tutti intenti a soddisfare semplicemente i nostri fabbisogni, l'umanità sarebbe già appagata, ma al contrario, se cerchiamo di appagare le nostre esigenze, l'impresa non ha fine. Se un uomo vuole appagare le proprie esigenze, può farlo. Perseguendo senza sosta le proprie esigenze, l'uomo dimentica le necessità e i bisogni primari.

Tristezza significa desiderio inappagato. Nel mio caso personale tutte le mie esigenze sono state appagate. Io non sono triste anche perché non sono sciocco a tal punto da coltivare un desiderio inappagabile. Tanto tempo fa, ospitavo nel mio cuore due nemici che si chiamavano *esigenze* e *desideri*. Continuavano a moltiplicarsi e io non riuscivo a impedirglielo, ma un giorno presi una sacrosanta decisione: *Per quale motivo continuo ad avere desideri se poi mi creano tanti problemi? Non voglio desiderare nulla che mi crei altri problemi. Se voglio una cosa, dovrebbe essere facile ottenerla. È insensato coltivare un desiderio che mi rende triste*. A questo punto presi la decisione di selezionare alcune delle esigenze che volevo appagare. Dopo averle appagate, scoprii che le mie aspettative erano state esagerate, e che tentare di appagare le mie esigenze non mi avrebbe reso soddisfatto, quindi mi fermai a riflettere. Poiché soddisfare i continui desideri non mi rendeva felice, smisi di averli, e anche adesso sto molto attento a non sviluppare esigenze superflue. Niente e nessuno può rattristarmi. Da dove arriva la tristezza? La tristezza è il risultato di una errata filosofia di vita – vivere, pensare, desiderare in modo scorretto. Per quale ragione dovrei essere triste? Io sono qui per far felici gli altri e se sono triste, nessuno al mondo potrà farmi felice. La voce interiore sussurra: *Non sei nato per essere triste*. Io seguo questa voce, e non sono mai triste. Le uniche lacrime che conosco sono lacrime di gioia. Se riflettete costantemente sul fatto che il centro dell'amore e della vita è dentro di voi, non ci sarà spazio per la tristezza. Il momento in cui vorrete pianificare la vostra esistenza, scoprirete che il tempo a vostra disposizione è molto breve. Volete forse che quel breve tempo sia sprecato con rimpianti e tristezze? Non c'è ragione di essere tristi, possedete già tutto ciò di cui avete bisogno: una bella casa, una buona relazione con il partner, e anche figli. Se non siete in difficili condizioni economiche ma non vi sentite né soddisfatti né felici, iniziate ad applicare ogni vostra risorsa economica e ogni vostro talento allo scopo di perseguire un obiettivo più elevato. Questo obiettivo si chiama felicità. La felicità è uno stato di quiete in cui nessuno può turbare la mente.

—•—•—•—

Un giorno, il mio Maestro mi disse: "Esiste un *mantra* particolare che non ti ho mai dato".

"Non me l'hai ancora insegnato?"

"No, ma vorrei farlo ora".

Rattristato, dissi: "Mi hai nascosto qualcosa..."

"Smetti di lamentarti sempre! Oltre a tutti i *mantra* che ti ho dato, ora riceverai anche questo. Indipendentemente dal luogo e dalla condizione in cui ti troverai a vivere, anche se dovessi trovarti a piangere, in preda al dolore e all'agonia, cerca di ricordare le mie parole: impara a essere felice. Nessun altro può renderti felice. Nessuno ha il potere di inserire la felicità nel tuo sistema e non esiste una medicina che dona la felicità. Devi imparare tu stesso a renderti felice. Ovunque tu vada, impara a essere felice".

La felicità è uno stato privo di dolore che non si guadagna lavorando. Con il lavoro, voi cercate di raggiungere determinati obiettivi materiali, ma la felicità non si ottiene lavorando, perché è una qualità interiore. Il mondo esterno non ha mai dato felicità a nessuno, ma non possiamo farci niente.

—•—•—•—

La *sadhana*, la necessaria preparazione che precede la conoscenza superiore, ti preparerà a meritare la felicità. Meritare significa accrescere la propria capacità. Non è possibile versare l'oceano in un secchio. Anche se fosse possibile avere l'oceano, non avreste la capacità di contenerlo tutto. Quando avrete ottenuto il merito, avrete anche la capacità.

Dio, la Verità Suprema, è sempre presente in voi, basta che ne siate consapevoli. Potete sforzarvi con impegno e sincerità di lavorare su voi stessi senza mai scoraggiarvi se fallite.

Quando iniziate a compiere uno sforzo sincero, nella pratica, presto vedete che il cammino si illumina. La luce della coscienza diventa la vostra guida. Ma se ignorate la guida della luce interiore, non vi sarà di alcun aiuto avere un Maestro, una guida esterna, anzi, quello esterno vi renderà schiavi. Ogni essere umano possiede determinate nozioni che regolano l'esistenza, e quando un normalissimo individuo inizia ad avere un grosso seguito, milioni di persone rischiano di essere sviate dai suoi insegnamenti.

Che significa avere una guida? Ultimamente il termine *Maestro* è stato abusato e il vero significato è stato spiegato male. Io preferisco usare il termine guida. Cercate, comunque, di non dipendere eccessivamente dalle guide spirituali. È molto meglio prepararsi in solitudine e rimanere svegli. Le scritture vi invitano a risvegliarvi dal sonno dell'ignoranza. Siate pienamente svegli, restando costantemente consapevoli, e continuate ad approfondire senza mai chiudere la porta dell'apprendimento. Quando smettete di approfondire, la mente si concentra sull'ego. Secondo la Tradizione Himalayana, l'insegnante esamina lo studente, ma anche lo studente deve esaminare l'insegnante.

Ogni volta che il mio Maestro mi mandava da altri insegnanti, mi metteva sempre in guardia: "L'insegnante che è capace di sedere immobile, in meditazione, per un lungo periodo di tempo, è certamente un buon insegnante perché ha imparato a praticare. Ascolta le sue parole. Ma se vedi che nell'arco di minuti, cambia spesso posizione, non sprecare tempo con lui".

Indicando quali sono i segni che rivelano se un Maestro è più o meno qualificato, le Sacre Scritture aiutano lo studente a riconoscere un buon insegnante affinché non sprechi tempo. Qual è il significato di una guida spirituale? Supponiamo che vogliate andare a New York. Venite da Swami Rama per chiedere indicazioni, e Swami Rama vi dice di andare da questa parte. Poi, lungo la strada incontrate un altro Rama, che vi dice: "Lui non sa nulla. La strada è un'altra". Poi arriva un terzo insegnante, che dichiara: "Entrambi i Rama si sbagliano. La strada giusta è questa". A quel punto, il povero studente ha perso dodici anni e non è arrivato dove voleva. *Insegnare* significa conoscere. È importante sapere che si deve seguire la conoscenza, non la personalità individuale dell'insegnante. L'argomento di studio è importante, non l'individuo. Alcuni insegnanti hanno complicato le cose e a soffrirne è stata la credibilità della sacra scienza dello Yoga. Ogni insegnante sostiene il proprio metodo, e ogni metodo è diverso. Così il povero studente si sente confuso. Dopo un certo periodo, egli scopre che la sua mente, la sua personalità e il suo portafoglio sono stati rapinati.

Quando si è consapevoli della luce interiore, non si può essere sviati da nessuno, e si entra in contatto con la Verità. I maestri vanno e vengono. Quando si è di fronte all'insegnante esterno, risulta utile assorbire tutto ciò che è utile, e scartare l'inutile. Non vi è alcun dubbio che sia necessario un insegnante, una guida. Io non consiglierò mai di non cercare, e di non imparare dagli altri, o di non studiare i libri, ma i maestri possono essere soltanto una fonte di ispirazione che accende la consapevolezza dell'esistenza del Sé. Il ruolo del Maestro consiste nel rendervi consapevoli della Realtà. Non avete bisogno di cambiare la forma della vostra religione. I cristiani non devono diventare indù, non è importante che gli indù diventino buddisti, e i buddisti non dovranno diventare nient'altro. Ciascuno dovrebbe rimanere ciò che è ed evitare di creare nuovi problemi a se stesso. È importante conoscere i propri demoni: un demone noto è meglio di un demone ignoto. Ovunque siate, cercate di essere felici. La scienza dello Yoga consiglia di calarsi nelle profondità dell'essere per essere guidati dalla luce interiore che illumina il cammino. Se riuscite a riconoscere questa luce, non proverete il desiderio di avere altre guide. Il buio dell'ignoranza serve proprio per imparare a vedere la luce; ma non la luce esterna, anzi, questa crea soltanto problemi, perché impedisce di vedere la luce interiore. Non incontrerete ostacoli sul cammino se vi lascerete guidare dalla vostra luce interiore. Talvolta, osservando i vostri volti, io vedo che sono tutti diversi proprio in virtù della luce che li differenzia. Questa luce può giudicare, comprendere e conoscere in modo obiettivo, perché è più potente della luce del sole, della luna o delle stelle. Per tale ragione, gli esseri umani sono superiori a tutte le luci che vedete all'esterno. Nella luce del sole, della luna e delle stelle, non vi è discriminazione. La luce interiore ha il potere di discriminare e voi potete utilizzarla per illuminare gli angoli più oscuri della vostra camera interiore e per farlo non avete bisogno di guide esterne. La presenza del Maestro è indispensabile affinché possiate essere messi in contatto con questa luce.

Talvolta può capitare di sentir parlare di circostanze particolari in cui un'illuminazione avviene in modo istantaneo, come nel caso di san Paolo sulla via per Damasco. Pensate davvero che la sua illuminazione sia avvenuta all'improvviso? Non è così. Altrimenti tutti gli uomini malvagi potrebbero diventare come lui. Negli intimi recessi del suo cuore, anche san Paolo deve aver nutrito un desiderio di Verità, e deve aver pensato di voler trasformare la propria personalità. Sul sentiero del divino, il desiderio è una motivazione molto potente. Quando Saul fu finalmente stanco di fare una vita da criminale, il forte desiderio di cambiare lo motivò a smettere. A questo punto, si incamminò sulla via per Damasco con il solo desiderio di purificare la sua esistenza, e così la sua attenzione divenne unidirezionale. Quando la sua mente, e tutta la sua energia, fluirono verso il centro della coscienza interiore, raggiunse l'illuminazione. Sapendo che in questa vita dovete trasformare la vostra personalità, se coltivate questo pensiero nessuno potrà fermare il vostro progresso. Il desiderio non è una parte della volontà, bensì una cosa diversa. Se esso è unidirezionale, e se tutti i desideri sono imperniati su di lui, significa che è un desiderio utile per il conseguimento del *samadhi*.

Talvolta, persino desiderare di evolvere può creare delle difficoltà. Se la fiamma del desiderio spirituale arde, e non si agisce in conformità ad essa, si diventa irrequieti e alla fine ci si ammala. Se, nonostante il forte desiderio, non si lavora su noi stessi, significa che si sta ignorando lo scopo della vita. Se si vuole raggiungere la Realtà Ultima, ma non si incanala l'energia in quella direzione, si rischia anche una forte depressione. Arriverete a condannare voi stessi e a pensare che la vita sia inutile. Penserete di aver sprecato ore, giorni e anni senza raggiungere il *samadhi*. Penserete che nulla potrà più accadere, che la morte giungerà e che voi dovrete rinascere. In virtù del vostro stesso desiderio di illuminazione, potrete così trovarvi ad attraversare uno stato di depressione.

È utile studiare le massime dei saggi, le scritture degli illuminati che hanno saputo applicare gli insegnamenti in modo pratico. La devozione ottusa non è mai utile. La devozione, *bhakti*, è una combinazione di *prema* e *shraddha*, amore puro, venerazione e discriminazione. *Bhava* significa emozione controllata. Imparando a miscelare intelletto ed emozioni, per poi farli operare all'unisono, si spicca un salto e si arriva alla dimensione dell'intuito. Questa combinazione può essere spiegata con un esempio.

Due persone percorrevano un sentiero. Una era cieca e l'altra era zoppa. Arrivati a un bivio lo zoppo, che aveva una vista perfetta, chiese al cieco: "Tu che hai le gambe buone, dove stai andando?"

Il cieco rispose: "Devo arrivare a Madanapalle, ma non so dove voltare. E tu?"

Lo zoppo disse: "Anch'io sto recandomi nel tuo stesso villaggio, ma sono zoppo".

Ebbero un'idea geniale e si misero d'accordo: il cieco, che aveva due gambe sane, fece montare lo zoppo, che ci vedeva bene, sulle sue spalle e arrivarono facilmente a destinazione.

Mente e cuore devono essere una cosa sola. Il cuore è il centro delle emozioni; la mente è il centro dei pensieri. Combinando emozioni e intelletto si ottiene *bhava*, una devozione composta da amore, venerazione e discriminazione. Quando amate una ragazza, non provate devozione nei suoi confronti, ma se amate Dio, provate devozione. La differenza è enorme. *Devozione* significa "amore con venerazione". Nello stato di *bhava*, incanalare le proprie emozioni verso la meta suprema permette di raggiungere le vette dell'estasi. Quando la totalità dell'essere raggiunge spontaneamente uno stato di tranquillità per mezzo della musica e dell'arte, o per mezzo dell'oggetto del proprio amore, o di qualsiasi obiettivo che permetta di concentrarsi in modo totale, si sperimenta l'apice della conoscenza. Molti grandi saggi hanno sperimentato l'apice della saggezza e della conoscenza attraverso l'estasi. In questo stadio, la mente cessa di operare: non può più intervenire, né ragionare, o spiegare cosa sta sperimentando. Persino l'emozione, quando è ben incanalata, può essere una fonte di conoscenza.

La devozione per Dio è il prerequisito dell'illuminazione. Se siete devoti alle cose del mondo, significa che appartenete al mondo e avendo come unico obiettivo cose mondane, le otterrete, ma la devozione per Dio ha il potere di farvi ottenere la realizzazione. Pensando intensamente a un oggetto lo si ottiene, ma se centrate la devozione unicamente sulle cose mondane ottenete solo quelle. Cambiando l'obiettivo, con la devozione, potete raggiungere l'illuminazione.

La consapevolezza non è un fenomeno istantaneo, e non ha alcun rapporto con lo sforzo. Il momento in cui, stanchi di compiere continui sforzi che non danno alcun risultato, vi arrendete, a quel punto interverrà la grazia. Il più grande potere del mondo è la grazia divina. La grazia si manifesta quando avete fatto tutto il possibile, con amore e dedizione, per portare a termine i preliminari. Quando arriva, la grazia colma il 'gap' che separa materia e spirito. Raggiungere i propri obiettivi in modo autonomo e indipendente dà immensa gioia. Uno non si sente contento se riceve un dono improvviso che non sente di essersi meritato. Se gli sforzi sono sinceri, anche senza la guida di un Maestro, è possibile veder sorgere il sole della comprensione ultima, proprio come accadde sulla via per Damasco a Saul, che a quel punto si realizzò e divenne san Paolo. Questa è la grazia divina. La grazia si manifesta quando avete già impiegato ogni risorsa a disposizione. La grazia divina è una forza ascendente.

Il momento in cui, stremati, non sapendo più quale strada percorrere, finalmente esclamate: *Ora non posso fare più nulla. Ho utilizzato tutte le mie risorse: il potere limitato del mio corpo, del mio respiro e della mia mente. Ho fatto il possibile e non posso procedere oltre.* A quel punto si manifesta quella chiarezza che vi accompagna sull'altra sponda del fiume, l'altra sponda della vita.

—•—•—•—

È normale che la determinazione, *sankalpa-shakti*, sia messa alla prova dalla natura. Il mio Maestro un giorno mi disse: "Se riesci a restare seduto immobile per quattro ore e trentasei minuti, sarai in *samadhi*".

Io obiettai che ero capace di restare seduto in meditazione per più di cinque ore, eppure non raggiungevo il *samadhi*. Il Maestro commentò: "I casi sono due – o io mi sbaglio, o il mio Maestro si sbaglia".

Domandai a Swami Nirvanji quale dei due maestri fosse in errore, e lui rispose: "Né tu, né il tuo Maestro siete in errore. Il metodo è sbagliato".

"Qual è il metodo?"

"Te lo dirò".

Sdegnato, io non volli ascoltare e replicai: "Questo vecchio ha distrutto la mia vita".

A quel tempo ricevevo regolarmente lettere di molti amici che mi raccontavano: "Siamo andati al cinema e a teatro, e poi a bere e a ballare con le nostre ragazze. Tu che ci fai in una grotta? Deve essere terribile vivere sull'Himalaya in una grotta e dover trascorrere tutto il tempo a leggere, scrivere e meditare, sprecando gli anni della giovinezza".

Io non avevo nulla da raccontare, perché stavo ancora sperimentando le varie tecniche. A quel tempo, per rispondere alle lettere degli amici dovevo strappare una pagina dal mio quaderno sulla quale scrivevo queste domande: "Ti ringrazio per la tua lettera. Non ho trovato l'inchiostro per scrivere, pertanto non offenderti se ti scrivo con la matita. Sto ancora sperimentando. Quando scoprirò qualcosa, ti scriverò. Puoi spiegarmi, per lettera, cosa ti accade quando vai a bere? Come ti senti? Riesci a dormire bene, o ti senti male? Quali obiettivi sei riuscito a conseguire?"

Una volta, anziché meditare, con ostinazione continuai a pensare per tutta la notte che il giorno dopo mi sarei suicidato. Mi dicevo: "Se non raggiungo il *samadhi* entro domattina, non vale la pena continuare a vivere". Quando si è delusi, e si prova disgusto per le proprie debolezze, si può diventare anche ciechi e, ossessionato da questo pensiero, andai a trovare il mio Maestro e per comunicargli il mio stato d'animo gli dissi: "Non voglio più avere a che fare con te. Tu non sei il mio *Maestro*, né la mia guida".

Il Maestro mi guardò a lungo e poi commentò: "Che ti è successo? Per tutta la notte non hai fatto altro che pensare 'Vorrei uccidermi'. Così hai rinforzato questo pensiero a tal punto da cedergli il controllo totale sulla tua vita. Sei diventato cieco".

E io: "Tu sarai anche in *samadhi*, ma questo non mi aiuta e non mi conferisce la conoscenza. Tu mi hai detto che restando seduto immobile per quattro ore e trentasei minuti avrei raggiunto il *samadhi*. Io sono capace di meditare per cinque ore, ma non ho ancora raggiunto nulla. Tu mi hai promesso il *samadhi* e ora mi abbandoni da solo".

"Che vuoi fare?"

"Io voglio sperimentare il *samadhi* ora, altrimenti mi ucciderò saltando nel Gange".

"Procedi pure!"

Mi sentii ferito. Poiché il mio Maestro, che consideravo come un padre, mi stava suggerendo di suicidarmi, gli confermai: "Lo farò".

Lui commentò soltanto: "Come vuoi". Allora trovai una grossa pietra e la legai all'estremità di una corda.

Il Maestro mi chiese: "Che stai facendo?"

"Quello che faccio non ti riguarda. Lego un'estremità della corda intorno alla pietra, e poi l'altra estremità intorno al torace e quando salterò nel Gange, la pietra mi impedirà di tornare a galla".

"È un'ottima idea, figlio mio".

Pensai: "Quest'uomo fingeva di amarmi, ma non era vero".

Talvolta si diventa talmente egoisti da volersi uccidere solo per far dispetto a qualcuno, o solo per mantenere il proprio punto di vista egoistico. In quel momento questa era esattamente la mia situazione.

Gli dissi: "Addio", e iniziai a fissare la corda intorno al mio corpo.

Allora udii il Maestro che mormorava: "È proprio deciso a farlo!" Vedendo che ero determinato, e che ero pronto a morire per il *samadhi*, il mio Maestro decise di chiamarmi: "Aspetta un attimo. Vieni a sederti qui".

Quando mi misi seduto accanto a lui, mi toccò lievemente con le dita e, per le successive nove ore, non fui in grado di capire cosa stesse succedendo. Restai seduto per tutto quel tempo senza sapere dove fossi. Quando questo stato di alterata coscienza ebbe termine, provavo solo un senso di pace e di gioia pura. Il ricordo stesso del lieve tocco del mio Maestro mi permette, ora, di ritrovare facilmente quello stato ogni volta che lo desidero. Che cosa era accaduto? In quell'istante, il tocco del Maestro aveva fatto sì che la mia mente divenisse finalmente acuta. Egli aveva rinforzato il mio desiderio al massimo grado possibile tanto che non desideravo più avere rapporti con il mondo esterno. Volevo una cosa soltanto, il *samadhi*. Oggi posso dire di possedere qualcosa di valore, grazie a quel suo lieve tocco. Ora io posso restare seduto immobile per nove ore senza problemi, senza provare alcun disagio, e con grande gioia. Ho ricevuto questo dono dal mio Maestro.

Esiste qualcosa che si chiama *shakti-pata*, e che viene dato da un Maestro. Questo stato non è paragonabile ai fenomeni di ipnotismo di massa impiegati per intrattenere le folle. Un Maestro può dare lo *shakti-pata* a un discepolo che egli ritenga pronto. La forza ascendente si manifesta quando uno si è preparato a riceverla impiegando la totalità del proprio potenziale. A questo punto, il Maestro tocca l'allievo per trasmettere la forza discendente della grazia, ma per riceverla è necessario essere pronti.

Maestro è colui che ha saputo eliminare le tenebre dell'ignoranza dal proprio cuore e dalla propria mente e conosce i misteri della vita sulla terra e quelli oltre la vita. Il Maestro conosce la differenza tra il piccolo *io* e il vero *Io*, il non-sé e il vero Sé, il banale sé e il Sé reale. Un Maestro di questo calibro ha il potere di guidare gli studenti che lo desiderano e si sono preparati, e solo un vero Maestro è in grado, con un semplice tocco, di trasmettere la luce. Il tocco è importante, ma sono rari i Maestri in grado di trasmettere la luce e l'Energia Divina.

Qual è il posto della grazia in un mondo dominato dalla legge dell'uguaglianza? Anche dopo aver compiuto infiniti sforzi con la mente e le varie pratiche (azioni e parole), non potete dare per scontato di arrivare all'apice del *samadhi*. Allora ci si potrà trovare a piangere come il saggio Kanva, il famoso saggio, *rishi*, descritto nei Veda, che era stato soprannominato Kanva, proprio perché era solito piangere lacrime amare: "Dopo aver compiuto ogni sforzo possibile, io non ho ottenuto nulla, o mio Signore". Improvvisamente, la sua mente si espanse all'infinito, e il saggio fu trasportato nel regno inconscio della pace e della felicità.

La maggior parte di voi crede in Dio in accordo alla propria convenienza. Quando desiderate qualcosa, ma non riuscite a ottenerla, invocate l'aiuto di Dio, ma quando avete ricevuto l'aiuto di cui avevate bisogno, vi dimenticate di Dio. La grazia ricevuta per mezzo dello sforzo è chiamata forza ascendente. Quando la forza ascendente incontra la forza discendente, si manifesta la grazia, *kripa*, la benedizione della misericordia divina. La grazia ha un ruolo fondamentale, e può essere di quattro tipi: la grazia di Dio, la grazia dell'insegnante, la grazia delle scritture e la grazia del sé. Ciò nonostante, se non abbiamo la grazia del sé, le altre tre grazie non possono funzionare.

Un giorno il mio Maestro mi brontolò: "Io continuo a insegnarti, ma tu non assimili nulla. Tu hai la mia grazia, hai la grazia di Dio, hai la grazia degli altri *swami*, e hai la grazia delle scritture, ma ti manca la tua grazia".

Chi rinuncia alla propria responsabilità, delegandola al Signore, sta soffocando il proprio potenziale. Quando non volete compiere i vostri doveri, e affermate: "Dio farà ogni cosa al posto mio", state commettendo un errore, perché significa che non state utilizzando i doni della Provvidenza. Se, pur avendo fede in Dio, non utilizzate il dono dello sforzo individuale, presto o tardi potreste udire la voce di Dio che vi sussurra: "Lo sforzo umano è un dono che Io ti offro, e tu devi utilizzarlo". Chi non utilizza i doni ricevuti da Dio, automaticamente si pone dei grossi limiti. Dio vi ha dato gli occhi per vedere, ma se decidete di camminare a occhi chiusi, Dio potrebbe dirvi: "No. Questo non è corretto. Stai attento e guarda dove metti i piedi quando cammini. Non bendarti gli occhi, altrimenti rischi di cadere e farti del male".

Il potenziale umano è pressoché infinito. Non appena se ne diventa consapevoli, si scopre di possedere un potere immenso. Più si esplora, più ci si meraviglia, e infine si realizza di non essere quel piccolo uomo che si credeva di essere. Se affidate il vostro progresso evolutivo esclusivamente al Signore, significa che pensate di non dover compiere alcuno sforzo personale, mentre l'illuminazione non è nelle mani del Signore; è nelle vostre mani. Fino a che punto potrete essere guidati e aiutati dallo sforzo individuale? Voi avete la possibilità di diventare un essere umano perfetto. L'essere perfetto è colui che ha raggiunto lo stadio del *samadhi*, il livello supremo della coscienza. La coscienza è una luce amorevole, che fluisce spontaneamente a differenti gradi e livelli, e che rende capaci di vedere e di conoscere gli oggetti del mondo. La coscienza è la manifestazione più sottile della Realtà Assoluta che dimora in voi.

La gente pensa che esistano vari stadi di illuminazione, o di coscienza, come ve ne sono per la mente. No. Esiste una sola coscienza. Non possono esistere vari stadi di coscienza; esistono però vari livelli di coscienza. Quando la mente inizia a viaggiare attraverso i differenti livelli, essa è consapevole che, a un primo livello, la luce della coscienza è fioca, e che poi gradualmente aumenta sino a raggiungere la perfezione. La coscienza non è uno stato della mente. Mente e coscienza sono due cose diverse. La coscienza in sanscrito è definita con il termine *chetana*. La mente è come un viaggiatore che vuole raggiungere il livello più elevato della coscienza. Quando si purifica la mente, questa acquisisce un grande potere di concentrazione e quindi può raggiungere il livello di coscienza più perfetto. Alcuni libri affermano che la coscienza scorre in entrambe le direzioni: verso il basso, le tenebre; e verso l'alto, la luce. Se riuscite a far volare la mente verso l'alto, potete conoscere il livello di coscienza più elevato.

Capitolo 19

IL FIUME CHE S'IMMERGE NELL'OCEANO NON TORNA INDIETRO

Una volta giunto allo stadio del *samadhi*, il ricercatore è libero dall'identificazione con gli oggetti del mondo e immedesimato nella sua natura essenziale: è diventato uno *yogi*. La sua mente, le azioni e le parole saranno guidate dalla pura coscienza e quindi non commetterà più errori, non potrà danneggiare, ferire o offendere nessuno, in alcun modo. Sarà creativo, dinamico e distaccato e potrà comprendere il significato della vita. Una volta raggiunto lo stato più alto della pace, non sarà più toccato dall'irrequietezza del mondo. Molti di voi si domandano se, una volta raggiunto il *samadhi*, potranno ancora condurre una vita matrimoniale. Certamente! Persino tutti i grandi *rishi* e tutti i veggenti, con l'esclusione di pochissimi fortunati, erano sposati e avevano una famiglia. Questi uomini vissero tutti a lungo e furono importanti Maestri. Non è facile restare scapoli o praticare il celibato. Sposando la propria filosofia è possibile raggiungere il *samadhi* e contemporaneamente condurre una vita di famiglia. Cinque dei miei maestri erano uomini sposati.

—•—•—•—

Sono stato mandato a studiare e a imparare lo yoga non da uno *swami*, ma da un maestro che era sposato, un *grihastha*. Seguendo uno *swami*, si possono imparare i Veda, e conoscere la saggezza, ma non si impara lo yoga, a meno che lo *swami* non l'abbia a sua volta appreso da una fonte autentica. Questo Maestro viveva nelle vicinanze di Ghazipur, un luogo che amo tuttora visitare quando il tempo me lo consente. Da Benares si procede verso Ballia e si giunge quindi a un luogo chiamato Tiwadipur. In India, questo luogo è il mio vero tempio: quando mi sposto tra le montagne, questo monastero è la mia base, quando sono in pianura, Tiwadipur è il mio tempio. Il mio insegnante si chiamava Anandapandeji, e aveva tre figli maschi e due femmine. Aveva incontrato un Maestro che gli aveva insegnato il sistema yoga di Patanjali, e meditava molto. Io rimasi a lungo per imparare lo yoga e vivevo insieme a lui e alla sua famiglia, in un piccolo casolare sulla riva del Gange. Non è raro che, durante la stagione delle piogge, il corso del Gange sia deviato da forti alluvioni. In India, le stagioni sono diverse che altrove: noi abbiamo l'estate, l'inverno e la stagione delle piogge monsoniche.

Durante i monsoni piove senza sosta e in modo torrenziale. Un giorno, essendo iniziata la stagione delle piogge, il Maestro mi disse: "Figlio mio, da oggi dedicherò tutto il mio tempo al *samadhi*" – a quel tempo aveva sessantasei anni – "tu puoi tornare dal tuo Maestro e ritornare qui tra un po' di tempo. Chiudi la porta e lasciami solo. Non ho bisogno di cibo, acqua o altro".

Il Maestro aveva acquisito la saggezza del *jada samadhi*, in cui le necessità del corpo sono ridotte al minimo e, pur rimanendo nel mondo, si vive nel distacco più assoluto. Cosa successe? Il giorno successivo ci fu una potente inondazione che spazzò via la sua abitazione. L'alluvione si protrasse per sette giorni. Assai preoccupato, partii alla ricerca del Maestro e, dopo cinque giorni, lo trovai a trentacinque miglia di distanza, seduto ai piedi di un albero. Per metà, il suo corpo era sepolto nel fango. Le correnti lo avevano sospinto sulla riva e lui era rimasto seduto nella stessa posizione in cui lo avevo lasciato, ancora in *samadhi*.

Lo sollevai, così com'era, lo portai lontano dal fiume e lo sistemai in una capanna nel villaggio più vicino. Dopo tre mesi vidi i suoi occhi riaprirsi.
Il Maestro, pur avendo una famiglia numerosa di cui occuparsi, mi ha dimostrato col suo esempio che non è necessario diventare monaci, né rinunciare al mondo e ai propri doveri. Ciò che conta è invece regolare la propria esistenza compiendo i propri doveri con dedizione, comprendere i differenti livelli energetici, capire quanto e perché parlare e quanto lavoro si sia in grado di compiere. State esagerando con il lavoro o siete abulici e pigri? State forse comportandovi in modo irresponsabile? Se si riesce a gestire abilmente la propria vita nel quotidiano, ognuno saprà trovare tutto il tempo necessario per lo studio della conoscenza superiore e per conseguire il *samadhi*.

—•—•—•—

Esiste un tipo di *samadhi* che è definito "*samadhi* negativo". Una condizione di agonia, ad esempio, può favorire un'esperienza simile al *samadhi*, così come uno stato di profonda preoccupazione può far sprofondare in una sorta di coma. Tutto questo non ha niente a che fare con il *samadhi*. Ogni giorno, un numero imprecisato di persone sperimenta lo stato del coma, ma questo non va confuso con il *samadhi*.

L'assenza di consapevolezza del corpo e della propria individualità può talvolta portare a credere di essere in *samadhi*, ma non è così. Se una persona ha ricevuto un'improvvisa e illuminante intuizione, non può affermare di essere in *samadhi*, esattamente come lo stato di chiaroveggenza non può essere sinonimo di *samadhi*, poiché non si è in contatto con la Realtà. Nel vero *samadhi* si è una sola cosa con la Realtà.

—•—•—•—

> Un giorno, rientrando a Rishikesh da un soggiorno a Ceylon, dove mi ero fermato per tre mesi, trovai nel mio *ashram* uno *swami* che tutti veneravano. Intorno a lui erano stati aperti molti negozi e bancarelle dove si vendevano i rosari, i *mala*, e altri articoli sacri. Io domandai: "Che cosa è accaduto, durante la mia assenza? Chi è questo *swami*?" Mi risposero: "È un grande saggio." Guardai il mio interlocutore e domandai nuovamente: "Chi è questo saggio?"
>
> Io conoscevo molti grandi *yogi*, quindi non mi fu difficile riconoscere che non era uno *swami*. Era il mio lavandaio! Il suo unico possedimento era stato un asino, che aveva perso. A causa della perdita di quel suo unico bene, era sprofondato in un dolore talmente profondo da renderlo totalmente inconsapevole mentre la gente aveva pensato che fosse in *samadhi*. Alcuni individui, che volevano sfruttare la situazione, divennero suoi discepoli e iniziarono ad adorarlo e a chiedere soldi a tutti. Il nuovo *swami* rimase in quello stato di stupore per ben sette giorni. Quando si svegliò, la gente intorno si aspettava di udirgli pronunciare parole di grande saggezza, ma egli chiese: "Dov'è il mio asino?"

—•—•—•—

Il *samadhi* è paragonabile al sonno, perché è considerato uno stato molto simile. Se si vuole iniziare a capire il *samadhi*, si deve innanzitutto comprendere cosa sia il sonno: la linea di demarcazione tra i due, infatti, è molto sottile. Durante il sonno ognuno è molto vicino alla Realtà, senza esserne però consapevole. Il saggio e l'uomo che dorme sono ambedue situati nella Realtà, tuttavia, mentre il saggio è consapevole di tale Realtà, l'uomo non lo è. Se si è capaci di mantenere la propria consapevolezza mentre si dorme, significa che ci si trova nel *samadhi*.

Per praticità, talvolta Patanjali definisce il sonno come un comportamento della mente. Tecnicamente, il sonno è uno dei suoi tre stati: veglia, sogno e sonno profondo. Quando si dorme profondamente, non si è consapevoli del proprio corpo, né delle persone che ci sono care né di qualunque altra cosa. Significa forse questo essere in *samadhi*? Nel sonno profondo non si è consapevoli della Verità, anche se lo stato che si sperimenta è simile. Nel *samadhi* si è sempre consapevoli della Verità pur rimanendo totalmente svegli. *Samadhi* significa riposo perfetto, sonno senza sonno. Anche se si è totalmente svegli, si raggiunge uno stadio talmente profondo che si riesce a riposare esattamente come se si stesse dormendo, rimanendo però sempre pienamente coscienti e consapevoli. Per raggiungere questo quarto stato di sonno senza sonno, *turiya*, è necessario addestrare la mente. La tecnica dello *Yoga-nidra* non corrisponde al *turiya*: lo stato di *samadhi* è molto più elevato del sonno. In esso, infatti, si sperimenta il livello più profondo della coscienza e non si è sottoposti all'inerzia del sonno.

Il sonno non ha il potere di trasformare la personalità individuale. Si dorme ogni giorno, eppure ciò non apporta cambiamenti alla vita. Il sonno non risolve i problemi né cambia la personalità, solo il *samadhi* è in grado di trasformarla. Se uno stolto va a dormire, quando si sveglia è ancora uno stolto mentre se entra in *samadhi*, si trasforma in un saggio. Questa è la differenza tra *samadhi* e sonno: l'una trasforma la personalità, mentre l'altro non cambia nulla.

Patanjali spiega che esistono vari tipi di *samadhi*: *samprajnata samadhi* (*samadhi* con contenuto), *asamprajnata samadhi* (*samadhi* senza contenuto), *savitarka samadhi*, *avitarka samadhi*, *savikalpa samadhi*, *nirvikalpa samadhi*, *sabija samadhi* (*samadhi* con seme), *nirbija samadhi* (*samadhi* senza seme) e, infine, *kaivalyam samadhi*, il Samadhi Assoluto, la libertà totale, in cui lo spirito (*purusha*) si libera completamente dal giogo della materia (*prakriti*). Praticando con serietà, ognuno potrà raggiungere questo stato.

Nel primo stadio di *samadhi (samprajnata samadhi)* sopravvivono ancora alcuni contenuti, perché si mantiene la consapevolezza dell'"io" interiore, dell'esistenza individuale. Si è consapevoli di essere un'onda dell'oceano pur essendone separati, di essere una parte del tutto e allo stesso tempo di essere diversi dal tutto. In questo stadio esistiamo con il nostro "io".

Nell'*asamprajnata samadhi* la differenza è questa: se nel primo stadio si realizza la beatitudine, pur rimanendo consapevoli della propria individualità, e la mente continua a operare e a ragionare, nel *samadhi* più elevato la coscienza si espande e si diventa universali, una sola cosa con l'Assoluto.

Nel *sabija samadhi* (samadhi con seme) si è molto vicini alla Realtà, ma non è ancora raggiunta: la mente continua a porsi come un muro tra noi e la Realtà. Dopo aver superato numerosi stati mentali, siamo giunti nella parte finale della mente, dove si trovano le impressioni. Le immagini che riceviamo formano le sensazioni, e queste vanno a registrarsi nell'inconscio, nel deposito della memoria, il magazzino generale dei meriti e dei demeriti personali. Le impressioni possono essere assopite o attive: nel *sabija samadhi*, pur avendo imparato la concentrazione e realizzato la meditazione più profonda, le impressioni latenti possono ancora farsi avanti e creare ostacoli. Siamo molto vicini alla meta, ma non l'abbiamo ancora raggiunta. Il *sabija samadhi*, infatti, non è lo stadio finale del *samadhi*, che è invece il *nirbija samadhi*, il *samadhi* senza seme.

Nirbija significa appunto "senza seme", *sabija* "con seme". Nel *sabija samadhi* si crede di aver perfettamente controllato e purificato la mente e che questa non causi più ostacoli. Tuttavia, non siamo consapevoli delle impressioni latenti (o dormienti) fino a quando, improvvisamente, queste iniziano ad avanzare dalla memoria, intenzionate a turbare la meditazione. Questo accade quando si inizia ad avvicinarsi alla perfezione. Anche quando si esercita il controllo della mente inferiore e si raggiungono gli stadi inferiori del *samadhi*, i conflitti profondi continuano a esistere in forma latente. Per questo è necessario arrivare ancora allo stadio del *nirbija samadhi*.

Nel primo capitolo del suo *Yoga-Sutra*, Patanjali spiega il *summum bonum* della scienza sacra nella sua totalità per i ricercatori di livello più alto. Questi sono coloro che hanno sperimentato tanto la vita interiore quanto quella esteriore e, avendole comprese entrambe, sono davvero preparati. Il segreto per essere ricercatori di questo livello sta nel comprendere e controllare la mente e le sue modificazioni: senza questo non possiamo che identificarci con gli oggetti del mondo. Imparando a conoscere e a controllare gli atteggiamenti della mente si può invece comprendere la propria vera natura. Esercitando tale controllo, non si creeranno più ostacoli sul proprio cammino, si sarà liberi dalla sofferenza e si potrà raggiungere uno stato di perfetto e sereno equilibrio. Il sistema di Patanjali spiega i vari metodi che permettono di raggiungere tale obiettivo.

Egli afferma che, percorrendo questo sentiero in modo sistematico, è possibile raggiungere lo stato più elevato della saggezza, il *samadhi*. L'individuo che lo ha raggiunto è di grande beneficio per la società intera, poiché è in grado di guidarla. Benedetti sono coloro che desiderano conseguire il *samadhi*, coloro che stanno cercando di conseguirlo e coloro che lo hanno già conseguito: questi individui vivono come sovrani del mondo, non permangono nel mondo dell'illusione, sono liberi dai problemi, dagli attaccamenti e dai legami; tutti gli altri vivono invece come stolti.

Se si comprendono gli atteggiamenti della mente cercando di "addestrarli", se si comprende la loro relazione reciproca e il modo che permette di coordinarli, l'obiettivo del *samadhi* diventa facilmente raggiungibile: tutte le decisioni saranno accurate, tutto ciò che viene fatto andrà a buon esito e si sarà liberi da quella forma di oscurità chiamata ignoranza, ovvero mancanza di conoscenza. La mancanza di luce è oscurità, l'oscurità non ha un'esistenza propria; così l'ignoranza non ha un'esistenza propria.

Si parla spesso di libero arbitrio, si vuole sapere in quale misura l'uomo può farne uso. In realtà è possibile svilupparlo in qualsiasi misura, sempre in accordo alle leggi del *karma*: il libero arbitrio diventa totale se siamo capaci di compiere i nostri doveri, i nostri propri *karma*. Compiendo i *karma* senza interessi personali, potremo ottenere la libertà dalle catene del *karma*. In sé, infatti, essi non sono vincolanti, mentre lo sono invece i frutti delle azioni. Quando iniziamo a compiere il *karma* per il bene degli altri, senza essere attaccati ai frutti delle azioni, siamo liberi dal vincolo del *karma*. Una persona di tale statura compie il *karma* seguendo il libero arbitrio.

—•—•—•—

> Un giorno domandai al mio Maestro: "Che cos'è il libero arbitrio?" E lui rispose: "Ora ti spiego. Alzati e rimani in piedi. Solleva una gamba". Cosa che io feci. Quindi mi chiese: "Ora, per favore, solleva anche l'altra gamba". Ovviamente, non fui in grado di seguire le sue istruzioni, e allora il Maestro disse: "Per prima cosa devi imparare a rimanere fermo su una gamba. Soltanto più tardi scoprirai il tuo potenziale".

—•—•—•—

Io posso scegliere di stare in piedi su una sola gamba, questo è libero arbitrio. Tuttavia, non posso scegliere di stare con tutte e due le gambe sollevate da terra: abbiamo un libero arbitrio, e allo stesso tempo non lo abbiamo. Il cinquanta per cento del nostro destino è nelle nostre mani, e l'altro cinquanta è nelle mani della Provvidenza. Non possiamo avere il cento per cento del potere, dobbiamo meritarlo: se il cinquanta per cento è nelle nostre mani, l'altro cinquanta è elargito dal cielo, come una grazia.

Possiamo avere libero arbitrio quando abbiamo finalmente riscoperto la nostra natura essenziale. Anzi potremo anche volare! La goccia d'acqua possiede tutte le qualità dell'oceano. Ha bisogno di unione. Noi siamo come la goccia d'acqua e Dio è come l'oceano: dovremo semplicemente imparare a unire la goccia d'acqua con l'oceano. Ci dobbiamo incontrare per diventare uno. Appena il fiume si immerge nell'oceano, non ha modo di tornare indietro.

Molti temono di perdere la propria individualità, immergendosi nell'oceano, ma questo non è vero. Non si perde nulla. L'individualità si espande: si diventa l'oceano. Si eliminano i confini dell'individualità, si raggiunge la coscienza cosmica nella quale si diventa una sola cosa con la Realtà Suprema.

L'espansione è vita. L'espansione della coscienza avviene quando si è consapevoli della Verità: *la Realtà è in me, la Realtà è in me, la Realtà è in me*. A un certo punto si scoprirà che esiste soltanto la Realtà, e infine la si vedrà in ogni luogo.

Volete sempre sapere quanto tempo è necessario per raggiungere lo stato del *samadhi*. Ebbene, questo dipende dall'intensità del proprio desiderio. Una stanza che è rimasta nell'oscurità per molti anni può essere illuminata in un solo istante: se si è pronti e si coltiva un ardente desiderio, si potrà essere illuminati in un secondo.

APPENDICE A

Sonno

Nel 1970 alcuni ricercatori della Menninger Foundation di Topeka, nel Kansas, per la durata di alcune settimane esaminarono uno *yogi* indiano: Swami Rama di Rishikesh e dell'Himalaya. Lo *swami* era capace di mantenere costante, tramite la forza di volontà, la produzione di onde cerebrali theta e delta. Le onde theta (da quattro a sette cicli al secondo) appaiono sovente quando una persona è sul punto di addormentarsi; le onde delta (molto ampie, un ciclo al secondo) sono associate al sonno profondo. Durante un esperimento della durata di cinque minuti, Swami Rama manifestò onde theta per il 75% del tempo totale. Il giorno successivo produsse deliberatamente onde delta per 25 minuti; egli sembrava addormentato, e addirittura russava lievemente, eppure quando si svegliò fu in grado di ripetere quasi perfettamente tutto ciò che era stato detto dal gruppo che eseguiva l'esperimento.

(da 1973 *Britannica Yearbook of Science and the Future*. Estratto da: "The Psychic boom", di Samuel Moffat. Enciclopedia Britannica, Inc. William Benton, Chicago, Toronto, Londra, Ginevra, Sydney, Tokyo, Manila, Johannesburg, pag. 111).

Tumori

Un giorno Swami Rama decise di spiegare il fenomeno dei tumori. Io gli parlai delle nostre ricerche sul controllo del flusso sanguigno, e citai la mia idea secondo la quale, poiché l'"albero" vascolare dei tumori comprende la muscolatura liscia delle pareti vascolari – che sono presumibilmente controllate da un centro ipotalamico – mi pareva ragionevole ipotizzare che i tumori potessero essere volontariamente annientati dal digiuno e indotti a essere riassorbiti dal corpo tramite il controllo del flusso sanguigno.

"Oh, sì", disse Swami Rama, "i tessuti molli del corpo sono facili da manipolare".

Gli chiesi spiegazioni. Eglì saltò in piedi e disse: "Premi questo muscolo con il tuo dito pollice". Mi indicò un grosso muscolo nel gluteo destro, il *gluteus maximus*, situato dietro l'osso dell'anca. Disse: "Senti forse un rigonfiamento, in questa zona?". Io risposi: "No". Allora egli disse: "Aspetta un attimo", e ruotò il viso a sinistra, lontano da me, per tre o quattro secondi. Poi aggiunse: "Prova ancora".

Premetti nuovamente il muscolo e percepii una protuberanza grande quasi quanto un uovo. Dissi: "Che cos'è? Un muscolo contratto, o un grosso crampo?"

Swamiji rispose: "No, è una cisti".
"Cosa contiene?"

"Non lo so. Potresti esaminarla ai raggi X?" Poi fece una pausa e aggiunse: "Il mio Maestro mi ha detto che i raggi X possono causare mutamenti cellulari che io potrei non essere in grado di controllare". Io suggerii: "Che ne pensi di una biopsia?"
E lui: "Forse".

Poi aggiunse: "Sentilo ora". Premetti nuovamente il muscolo. La protuberanza era scomparsa. Esclamai: "Non c'è più". E lui: "Dammi un secondo. Ne farò un'altra".
Guardò nuovamente verso sinistra, per tre o quattro secondi, e poi disse: "Eccone un'altra". Premetti ancora con il dito pollice e trovai un nuovo rigonfiamento, ma in un punto diverso – proprio

sull'osso dell'anca. Era disposto verticalmente, lungo e stretto, e mentre premevo verso l'osso tendeva a scivolare sotto il dito, proprio come ci si aspetterebbe da una cisti.

Sfortunatamente, la dimostrazione non avvenne nel laboratorio dove i medici avrebbero potuto esprimere un'opinione. Per me, fu un notevole esempio di coordinamento mente-corpo.

Domandai allo *swami* se poteva produrre una cisti in un'area del corpo più facilmente osservabile. Rispose che, quando si trovava in Germania, produsse molte volte una cisti sul suo polso, affinché fosse esaminata dai medici. Poi mi mostrò una piccola cicatrice: aveva permesso ai medici tedeschi di estrarre una delle cisti che aveva prodotto. La cisti era ancora conservata in provetta in Germania. Lo interrogai sulla reazione dei medici alla sua produzione istantanea. Mi spiegò che i medici dissero semplicemente: "*Swami*, lei è un uomo molto insolito!"

Con un'espressione di sdegno aggiunse: "Io cercavo di spiegare un determinato concetto, e loro non riuscivano a dire altro che ero insolito, senza nemmeno prendere in considerazione il significato di ciò che era accaduto".

(Estratto da: Elmer e Alyice Green, *Beyond Biofeedback*, Knoll Publishing Company, Inc. 1977. Quinta Ristampa, 1989, pagg. 210-211).

APPENDICE B

Esercizio per il sonno

Respirate profondamente, riempiendo completamente i polmoni, dapprima mettendovi distesi sul fianco sinistro, poi sul fianco destro, e poi sulla schiena, come in *shavasana*. Utilizzate un cuscino affinché la testa sia leggermente sollevata rispetto al resto del corpo. Questo accorgimento serve a evitare problemi gastrici e scambiarli per problemi al cuore. L'addome crea naturalmente gas. Soprattutto le persone il cui fegato è leggermente pigro, o hanno una digestione lenta, possono incontrare questo problema. Il cuscino deve essere morbido, ma il letto deve essere duro. Se il letto non è duro, la spina dorsale ne soffre. Per prima cosa, sdraiatevi sul fianco sinistro e chiudete gli occhi. La narice destra si aprirà, aumentando il tepore e l'energia necessari per digerire ciò che avete mangiato. Osservate i movimenti dell'addome. Ora espirate e poi inspirate. Non esagerate; la respirazione deve essere naturale. Continuate a inspirare ed espirare. Non trattenete il fiato; non è necessario. Inspirate ed espirate dieci volte. Poi sdraiatevi sul fianco destro e fate riposare il cuore, inspirando ed espirando dieci volte; poi mettetevi supini nella posizione chiamata *shavasana*. Utilizzando la respirazione diaframmatica, contate dieci inspirazioni e dieci espirazioni. Espirate a partire dalla testa, e scendete gradualmente sino alla punta delle dita dei piedi senza mai interruzioni o sobbalzi. I sobbalzi turbano il cuore. Non dovete produrre alcun suono: il respiro deve essere omogeneo e silenzioso. Se avete dolore in una parte specifica del corpo, quando espirate volgete l'attenzione esattamente in quel punto e percepite il respiro che la attraversa. Il dolore scomparirà. Durante l'espirazione si elimina anidride carbonica. È possibile coordinare la mente con il respiro ed eliminare le tensioni mentali concentrandosi sull'espirazione. Dopo l'espirazione si crea naturalmente il vuoto, e il vuoto si riempie. L'energia è ovunque. Ora inspirate lentamente, dalle dita dei piedi sino alla testa. Ripetete il procedimento dieci volte e ricordatevi di respirare coscientemente. Vi sentirete completamente rilassati e vi addormenterete con estrema facilità. Si inizia dal fianco sinistro, poi si passa al fianco destro, quindi si assume la posizione supina, *shavasana*.

Esercizio per migliorare la memoria

Assumete la postura del cadavere, *shavasana*. Mettetevi comodi. Ritirate la consapevolezza dal mondo esterno. Con l'ausilio della respirazione profonda, rilassate tutto il corpo a partire dalla testa sino ad arrivare ai piedi, e poi ripetete dai piedi alla testa. Contate da uno a mille, e poi da mille a uno. Il giorno in cui riuscirete a contare da uno a mille, e da mille a uno, senza addormentarvi, avrete veramente raggiunto la meta. Questo esercizio è stato collaudato da millenni ma se non avete molto tempo, potete contare sino a cento.

Esercizio di visualizzazione per migliorare la memoria

Parte I

Questo esercizio comporta la visualizzazione delle lettere dalla A alla Z. È importante impiegare la mente cosciente per tracciare i contorni delle lettere muovendo gli occhi, che devono visualizzare le lettere dalla A alla Z. L'esercizio si è sempre dimostrato efficace per migliorare la memoria e richiamare all'ordine una mente distratta. È ottimo anche per migliorare la vista, perché comporta l'impiego degli occhi, oltre che della mente. Visualizzare non significa guardare. Inizialmente, la visualizzazione deve essere condotta a occhi aperti.

Tenendo un braccio teso e sollevato in alto, iniziate a tracciare le lettere dell'alfabeto seguendo un flusso continuo. Il movimento del braccio e della mano, è seguito attentamente dagli occhi e dalla mente. Cercate di tracciare lettere di grandi dimensioni, affinché gli occhi eseguano un movimento ampio. Se vi esercitate regolarmente, questa tecnica vi permetterà di avere un'ottima vista, oltre a una buona memoria. Se riuscite a tracciare tutte le lettere correttamente, senza interruzioni, significa che avete raggiunto un ottimo stadio di concentrazione. A volte, vi accorgerete che la mente tende a scivolare e a divagare. Per esempio, potrà dimenticare di tracciare la K, e andrà direttamente alla L. In tal caso, dovrete tornare indietro e organizzarvi meglio.

La memoria di quei bambini che mettono in pratica spesso questo esercizio diventa molto potente. Esistono molte altre pratiche di questo genere. L'esercizio delle lettere dell'alfabeto, che può essere appreso perfettamente dopo sette giorni di pratica, insegna a controllare il movimento oculare ed è raccomandato anche alle persone mentalmente assenti, o che hanno problemi di memoria.

Mentre tracciate le lettere dalla A alla Z – potete farlo in qualsiasi lingua – osservate quante volte la mente esce dai binari. Grazie a questa pratica io ho imparato numerosi alfabeti. A un certo punto, sarete in grado di eseguire l'esercizio anche con gli occhi chiusi e immobili.

Parte II

Mettetevi seduti, tranquilli, con il collo e il busto eretti. Chiudete gli occhi e cercate di individuare le eventuali tensioni muscolari spostandovi lentamente dalla fronte sino a raggiungere le dita dei piedi; poi tornate indietro. Scendete di nuovo, individuate le tensioni e tornate indietro. Visualizzate mentalmente, davanti a voi, a una distanza di circa un piede, una candela bianca con una fiamma blu. Ora, espirate dalla sommità del capo sino a raggiungere la fiamma della candela, poi inspirate dal punto in cui vedete la fiamma fino alla sommità del capo. Se non riuscite a immaginare la luce blu, non preoccupatevi. Non sforzatevi. Concentrate l'attenzione sulle vibrazioni interiori. Espirate e poi inspirate. Espirando, dirigetevi mentalmente nella direzione della fiamma, e inspirando, verso la sommità del capo. Non trattenete il respiro. Dopo aver inspirato completamente, iniziate a visualizzare nello spazio tra le sopracciglia, mentre espirate, le lettere dalla A alla Z. Poi inspirate ed espirate di nuovo, molto lentamente, ripetendo l'esercizio di visualizzazione Fate attenzione al respiro. Inspirate, espirate, inspirate. Chiedete alla mente di ascoltare le vibrazioni provenienti dal centro della ghiandola pineale. Espirate profondamente e poi inspirate. Aprite lentamente gli occhi. La capacità di tracciare mentalmente le lettere dell'alfabeto si chiama visualizzazione. Visualizzare è una pratica molto difficile che, tuttavia, dopo averne compreso il meccanismo, diventa facile.

SWAMI RAMA DELL'HIMALAYA (1925-1996)

Maestro nell'Arte della Vita

Autore di oltre quarantacinque libri, Swami Rama è stato uno dei più grandi yogi di tutti i tempi e ha aperto la strada alla ricerca scientifica sui fenomeni associati allo yoga.

Swami Rama è nato al nord dell'India. È stato allevato e istruito dal suo Maestro spirituale nelle leggendarie grotte, dove innumerevoli generazioni di saggi e yogi praticano l'antica scienza dello yoga. Divenuto monaco nell'Ordine di Shankaracharya, per un certo periodo ne ha anche ricoperto la carica più elevata, alla quale ha poi rinunciato dopo tre anni.

Non solo uno yogi con grandi poteri, ma anche filosofo; un poeta che ha tradotto un'opera epica nel giro di tre mesi e persino un grande musicista. Uno sportivo che allevava cavalli e che era un piacere vedere quando giocava a tennis.

Negli ultimi anni, quando ormai si preparava ad abbandonare il corpo, ha lasciato precise istruzioni affinché non fosse costruito alcun tempio alla sua memoria, né fosse fatta qualsiasi altra cosa per commemorare il suo nome. Il suo ricordo però resta integro nei cuori di tutti i ricercatori e i suoi discepoli rimpiangono tuttora l'amore che fluiva spontaneamente irradiando chiunque intorno a lui.

Asseconda la situazione
e accetta l'assenza ♡ - R
12/1/17